SALA DE ENSAIO

TEXTOS SOBRE A SÃO PAULO COMPANHIA DE DANÇA

INÊS BOGÉA (ORG.)

|imprensaoficial

SUMÁRIO

INTRODUÇÃO
11 Sala de ensaio | INÊS BOGÉA

ENSAIOS, FICÇÕES E DESENHOS
19 Os movimentos, as palavras e uma chaleira em, digamos, Santa Rita do Passa Quatro | ANTONIO PRATA

27 Rituais de abstração | MANUEL DA COSTA PINTO

41 Dança e representação: entre mimese e reflexibilidade | SANDRA MEYER

67 Oferenda textual: seis movimentos para a São Paulo Companhia de Dança | FRANCISCO BOSCO

83 Diário ilustrado | CACO GALHARDO

109 Repertório em movimento | INÊS BOGÉA

127 Educação estética pela e para dança: um olhar acerca do trabalho educativo da São Paulo Companhia de Dança | MÁRCIA STRAZZACAPPA

139 Textura da memória | FLÁVIA FONTES OLIVEIRA

153 Bailarinas | FABRÍCIO CORSALETTI

167 Do ensaio, do espetáculo | AGNALDO FARIAS

171 *Sobre os autores* 175 *Referências bibliográficas* 285 *Créditos das imagens*

ENGLISH VERSION
183 Rehearsal Room – Essays on São Paulo Companhia de Dança | IZABEL MURAT BURBRIDGE

Sala de ensaio
Inês Bogéa

A dança da São Paulo Companhia de Dança se instala num espaço já existente – ninguém inventa a dança do zero –, que ela torna visível de uma perspectiva própria – uma perspectiva atenta, justamente, para a constituição desse espaço. Decanta pulsões dessa arte, revelando pontuações e elaborando comentários, alargando margens com o próprio movimento.

Dois anos se passaram desde a criação da São Paulo em 2008. Nos muitos encontros inusitados com criadores de diferentes áreas, como a literatura, as artes plásticas, a música, a moda, o teatro e o cinema, foram se construindo espaços dentro de espaços, onde agora nos reconhecemos.

O trabalho diário compõe uma trama aberta, *in progress*. A amplitude das ações implica encarar um sem-número de ambivalências e desafios, lado a lado com artistas, técnicos, produtores e administradores, entre outros profissionais,[1] buscando sua identidade na multiplicidade.

1. Além dos coreógrafos, em 2009 vários artistas participaram do processo criativo da Companhia: o diretor teatral Marcio Aurelio foi responsável pela direção de arte de *Ballo*, que teve música especialmente composta por André Mehmari; o estilista Ronaldo Fraga foi o criador do figurino de *Passanoite*, que tem música de compositores brasileiros e foi tocada ao vivo pelo quinteto de cordas Quintal Brasileiro; os artistas plásticos Marina Saleme e Arthur Lescher idealizaram os cartazes e a capa dos programas; os desenhistas Paulo Caruso, Marcelo Cipis, Ionit Zilberman e Odilon Moraes ilustraram os folhetos dos espetáculos de estudantes; para os programas de espetáculo Antonio Prata e Agnaldo Farias escreveram a abertura e Mayumi Okuyama e Maria Cristaldi foram as *designers*; Cyro Del Nero e Marcio Junji Sono escreveram nos folhetos da série *Corpo a corpo com professores*; os músicos Manuel Pessoa, Benjamin

Oito obras formaram o repertório nesses dois anos. Quatro peças clássicas: *Les noces* (1923), de Bronislava Nijinska, *Serenade* (1935) e *Tchaikovsky pas de deux* (1960), de George Balanchine, e *Gnawa* (2005), de Nacho Duato; além de quatro criações inéditas: *Polígono* (2008), de Alessio Silvestrin, *Entreato* (2008), de Paulo Caldas, *Ballo* (2009), de Ricardo Scheir, e *Passanoite* (2009), de Daniela Cardim. No total foram 101 apresentações, vistas por mais de 58 mil espectadores, em diferentes cidades brasileiras.

Se a produção e a circulação dos espetáculos são a atividade principal da São Paulo, a ideia de ampliar a atuação da dança em diferentes segmentos forneceu a base para os programas educativos e de formação de plateia: palestras para professores, espetáculos para estudantes e oficinas para bailarinos, que procuram aproximar o público em geral do universo da dança. E ainda os programas de memória e registro da dança – *Figuras da dança* e *Canteiro de obras* –, transmitidos pela TV Cultura, ampliam o acesso ao trabalho da Companhia para dezenas de milhares de espectadores. Ao contarem as suas trajetórias no programa *Figuras da dança* (2008-2009), Ady Addor, Antonio Carlos Cardoso, Hulda Bittencourt, Ivonice Satie (1950-2008), Ismael Guiser (1927-2008), Luis Arrieta, Marilena Ansaldi, Penha de Souza, Ruth Rachou e Tatiana Leskova descortinaram alguns campos expressivos dessa arte. E o registro das palavras dos artistas e as imagens do dia a dia presentes nos *Canteiro de obras*, flagraram, em retrospecto, os processos de construção das coreografias e as ações da Companhia.

Taubkin, André Mehmari e Rodolfo Paes Dias criaram trilhas para os documentários; Eliana Caminada, Acácio Ribeiro Vallim Júnior, Fabiana Caso, Bergson Queiroz e Inês Bogéa escreveram nos folhetos *Figuras da dança*; os fotógrafos João Caldas, Silvia Machado, Reginaldo Azevedo, Alceu Betti, Janete Longo, Mônica Vendramini e André Porto fotografaram a Companhia; os professores convidados Andréa Pivatto, Boris Storojkov, Daniela Severian, Alphonse Poulin, Léa Havas, Luis Arrieta, Renato Paroni e Simone Ferro ministraram aulas para os bailarinos.

A sala de ensaio é o lugar da entrega, da descoberta, das falhas, dos acertos, dos olhares, dos encontros; um espaço em branco, preenchido por imagens, ideias, movimentos de cada um que por ali passa. Este livro é também uma sala de ensaio, no sentido mais amplo que este espaço pode ter. As fotos que acompanham as palavras suspendem o tempo, fixando instantes também guardados na memória de quem os viu. Os autores (de várias áreas de especialidade) passaram um ano acompanhando de perto os trabalhos da Companhia, no intuito de ampliar a reflexão sobre a dança de distintos pontos de vista. Assim, este livro pode ser visto de três diferentes perspectivas. As impressões e as percepções da vivência nos ensaios e nos espetáculos da Companhia aparecem no texto de abertura, "Os movimentos, as palavras e uma chaleira...". Ali o escritor Antonio Prata comenta a sua aproximação e busca do entendimento da dança ao assistir a um ensaio. A mesma visada se dá nos artigos que encerram o livro, "Bailarinas", de Fabrício Corsaletti, um conto sobre a passagem do tempo e as mudanças *na bailarina*, e "Do ensaio, do espetáculo", de Agnaldo Farias, um comentário sobre a relação do bailarino na dança.

Na segunda perspectiva vêm à luz as questões sobre representação, apresentação e escrita da dança. Manuel da Costa Pinto, em "Rituais de abstração", faz uma reflexão sobre a linguagem da dança, sua relação mimética, narrativa e abstrata; Sandra Meyer problematiza o conceito de representação na dança e, à luz dessa reflexão, aborda *Serenade*, *Les noces*, *Polígono* e *Entreato* em "Dança e representação..."; Francisco Bosco, em "Oferenda textual..." contextualiza a dificuldade de escrever sobre uma linguagem com a qual não tem intimidade, discute a importância de uma tradição de reflexão sobre a arte e se lança em reflexões sobre a graça, o corpo e a expressão do rosto na dança. Os três ensaios remetem ao ensaio *A alma e a dança*, de Paul Valéry, como fonte de referência.

Num intervalo, a dança passa das palavras para os desenhos de Caco Galhardo, inaugurando a seção "Diário ilustrado" – criada por ele, durante a semana em que passou desenhando os movimentos dos bailarinos.

De uma terceira perspectiva veem-se de perto as três principais ações da Companhia: as criações coreográficas, os programas educativos e de formação de plateia, e os programas *Figuras da dança*. Em "Repertório em movimento", comento as coreografias de 2009, apontando os caminhos de formação desse repertório. Márcia Strazzacappa percebe nas ações da Companhia um programa amplo de atividades de educação estética, em seu artigo "Educação estética pela e para dança..."; e Flávia Fontes comenta em detalhe a série *Figuras da dança*, em "Textura da memória".

Não só os artistas, mas também o público em geral baliza, informa e participa do trabalho da Companhia, porque seu espaço, afinal, vem sendo talhado, dia após dia, pelos encontros e relações, pela compreensão e construção de pontes com os mais diversos interlocutores. Cada encontro é uma ocasião para refletir sobre o lugar da arte na compreensão individual e social. Inquietação, afirmação, investimento, resistência: a dança existe no movimento das pessoas inscritas em seu tempo. O caminho é longo para a consolidação de um projeto ainda novo, que precisa de tempo para decantar e elaborar sua própria experiência.

O maior desafio desse segundo ano de vida da São Paulo Companhia de Dança era a *continuidade*, a ser assegurada com energia e dinâmica. O que vem pela frente será fruto do que se fez agora, assim como o que se faz, pensando bem, também é fruto do futuro – do futuro que tivermos, todos juntos, a coragem de inventar.

Os movimentos, as palavras e uma chaleira em, digamos, Santa Rita do Passa Quatro[2]
Antonio Prata

São onze e quinze da manhã. Numa sala da Oficina Cultural Oswald de Andrade, de parede espelhada, janelas compridas e chão de linóleo preto, quarenta e um bailarinos esperam, em silêncio, o início da música. Lá de fora vem o burburinho do Bom Retiro: o motor de um ônibus se mistura ao pio dos passarinhos, os gritos das crianças, na saída da escola, chegam junto às vozes dos pedestres e lojistas negociando tecidos, esfirras, roupas, burekas e folhinhas de Zona Azul.

Quando a primeira nota soar pelas caixas de som, os bailarinos começarão a ensaiar a coreografia *Passanoite*, de Daniela Cardim, na qual vêm trabalhando há semanas. Todo dia é assim, acordam cedo, pegam metrô, ônibus, carros e vão até a sede da Companhia, onde passam seis horas dançando. São funcionários públicos,[3] com holerite, polainas, INSS e sapatilhas, pagos pelo Estado para transformar ideias, histórias e emoções em movimento.

A maioria das pessoas, no Brasil – e eu me incluo entre elas –, não está acostumada a frequentar balés. Eis a missão da São Paulo Companhia de

---

2. Texto originalmente publicado no programa 2/2009 da São Paulo Companhia de Dança.

3. A São Paulo Companhia de Dança é gerida pela Associação Pró-Dança, uma Organização Social de Cultura. Seus funcionários são contratados pela Consolidação das Leis Trabalhistas (CLT). [N.E.]

Dança: montar espetáculos clássicos, modernos e contemporâneos, que formarão um público capaz de fruir dessas ideias, histórias e emoções por trás – e por cima, por baixo e ao lado – dos movimentos.

Notas de piano soam pelas caixas de som e uma bailarina põe-se nas pontas dos pés, levantando minha primeira questão: por que se põem nas pontas dos pés, as bailarinas? Para ficarem mais altas? Mais finas? Será um exercício de equilíbrio e força? Diabos! É preciso entender uma imagem tão linda? Não basta que ela exista, longilínea e bela? Não: afinal, as imagens são lindas porque significam algo. A flor, exemplo mais banal da beleza, só nos toca porque é a arma que a planta inventou para, durante um breve período, convencer pássaros, insetos e rapazes apaixonados a espalharem seu pólen por aí. No dia seguinte, já era. Talvez seja isso: nas pontas dos pés, a bailarina tripudia do chão, da terra, desse mundinho chinfrim onde as flores murcham – e nós também. Ereta, ela nos ajuda a esquecer que somos mamíferos, vertebrados, primos não muito distantes das samambaias, trutas e tamanduás, e nos aproxima do céu, onde suspeitamos parentescos com deuses e alimentamos outras vagas esperanças. Sua ferramenta é o corpo, mas sua meta é parecer incorpórea? Por isso, diz aquela música: "procurando bem, todo mundo tem piolho, só a bailarina que não tem"?

Três bailarinos a cercam. Tocam-na, puxam-na, giram-na em seus braços, levantam suas pernas. Estarão cortejando a moça? Disputando-a? Ela se contorce no braço de um, parece entregue, mas ergue-se, cai nos braços de outro. A música é romântica. Como sei disso? Se não entendo nada de música, mas capto o significado da melodia, por que não compreendo a narrativa que me contam esses corpos? Antes de falarmos, nos movemos. Antes mesmo de distinguirmos as imagens borradas que nos entram pelas retinas, buscamos o peito com a boca, as mãos, a cabeça, o pescoço. Dentro do útero, somos só movimento, água morna e movimento.

Dois bailarinos saem do palco. Ela fica só com um. Sei, pela minha experiência, que quando muitos homens estão em torno de uma mulher e depois ela sai com apenas um deles é porque ele foi o escolhido. Assim é com os pretendentes nos contos de fada, assim era nas festas da adolescência. Agora, homem e mulher dançam juntos. É isso. Estou assistindo a uma história de amor. Bastava ter prestado atenção ao título: *Passanoite*. Claro!

Ou não?! A música muda. Suspense? A bailarina deita-se no chão. Não parece nada contente, embora eu não tenha percebido briga alguma. Que movimento de pernas, tronco ou quadril fez com que os dois se desentendessem? Ela se encolhe. Isso eu entendo, está triste. Ninguém se encolhe de felicidade. Posso não saber nada de dança, mas movo-me, usando os mesmos membros, tronco e cabeça que esses bailarinos. Quando sofro, encasulo-me. Quando estou tenso, contraio os músculos das costas. Quando rio, chacoalho o corpo. Comemoro gols dando saltos e socos no ar. Não será a partir desse alfabeto comum de gestos que a dança se compõe, assim como a poesia constrói-se com as mesmas palavras que usamos para comprar roupas ou uma folhinha de Zona Azul? Quem só usa as palavras para tarefas como comprar roupas ou uma folhinha de Zona Azul, contudo, terá dificuldade de entender "mundo mundo vasto mundo/ se eu me chamasse Raimundo/ seria uma rima, não seria uma solução/ Mundo mundo vasto mundo,/ mais vasto é meu coração".[4] E, se o gesto é a palavra da dança, estou perdido, porque o poeta faz o que quer com a palavra, ele a espreme, a vira do avesso, mete a mão dentro dela e tira de lá significados insuspeitos. Quem sabe Daniela Cardim não fez a bailarina encolher-se justamente para mostrar que estava contente?

---

4. Andrade, Carlos Drummond de. "Poema de sete faces". *Alguma Poesia*. Belo Horizonte: Edições Pindorama, 1930.

Agora, dois bailarinos estão em cena. Um deles rodopia, outro rodopia atrás, com um pequeno atraso. Tudo o que um faz, o outro imita. Será a rima da dança? E, se a rima é uma espécie de afinidade, serão dois amigos, ali, brincando? Essa também é uma maneira de passar a noite, afinal. Quem sabe, são aqueles pretendentes desprezados pela donzela que decidiram divertir-se sozinhos? Seria o espetáculo sobre vários eventos durante uma noite?

Talvez seja uma rima, mas não uma solução, pois ocorre-me que pode não haver narrativa alguma, tanto na cena como no espetáculo. E se for apenas movimento? Se os dois bailarinos girando juntos forem como duas pedras jogadas num lago, com suas ondulações consecutivas e paralelas? Como o vento movendo as folhas nas copas das árvores? Precisa haver enredo para o movimento? O universo não se expande por vaidade ou cobiça. Um rio não corre porque esteja bravo, ou eufórico. Não há fúria nem pressa nas cataratas do Iguaçu. Elas não são o clímax na epopeia de uma gota d'água, que se iniciou no vapor de uma chaleira em, digamos, Santa Rita do Passa Quatro: é só movimento, e é belo, tanto é que, todo ano, milhares de pessoas viajam quilômetros, só para contemplar o espetáculo.

Não. Há sempre uma narrativa. Mesmo não havendo enredo nenhum nas cataratas do Iguaçu, cada um projeta ali uma história. Há quem veja nas quedas-d'água a violência da natureza, há quem enxergue a harmonia nos arcos-íris que se formam. Há quem fique calmo diante do estrondo, como se o jorro calasse seus próprios ruídos, há quem volte correndo para o ônibus da excursão, com medo de atirar-se do despenhadeiro.

Sou trazido do despenhadeiro para o Bom Retiro pelos aplausos. O ensaio terminou. Os dançarinos saem da sala, deixando-me só com a bailarina nas pontas dos pés, tripudiando da morte, uma moça sendo cortejada por três rapazes, amigos desprezados, brincando de rimar, uma mulher triste, encolhida no chão, pedras atiradas num lago, uma chaleira em, digamos, Santa Rita do Passa Quatro, centenas de turistas japoneses nas cataratas do

Iguaçu, Drummond sentado num canto e os ruídos do bairro, entrando pelas janelas. Não vejo a hora de conhecer a coreógrafa e descobrir o quanto minha experiência divergiu de suas intenções.

Mais tarde, Daniela Cardim me conta que não pensa em enredo nenhum, quando cria um espetáculo. Imagina a coreografia inspirada pela música, apenas. A plateia que veja ali o que bem entender. Sem dúvida, se eu entendesse mais do assunto, veria muito mais coisas. Veria citações de outros coreógrafos, sotaques de outros países, pegaria, no meio de um salto, uma crítica irônica a determinada escola, depreenderia uma visão de mundo duma guinada de quadril, mas tudo bem. A São Paulo Companhia de Dança está apenas começando, tem quase dois anos de existência – *Passanoite* é o sétimo espetáculo, *Polígono* foi o primeiro e *Gnawa*, o sexto. Nós, o público, não precisamos nos afobar. A cada passo daqueles quarenta e um bailarinos, vamos aprender a enxergar mais ideias, histórias e emoções por trás – e por baixo, por cima e ao lado – dos movimentos. Que bom. Afinal de contas, é isso o que fazemos da vida, é isso o que nos diferencia das samambaias, das trutas e dos tamanduás: contemplamos os movimentos à nossa volta e damos sentidos a eles. Que venha o primeiro acorde.

Rituais de abstração
Manuel da Costa Pinto

> *Nada faço além de perguntar-vos o que é a dança;*
> *um e outro de vós parece respectivamente sabê-lo; mas sabê-lo*
> *totalmente em separado! Um me diz que ela é o que é,*
> *e que se reduz àquilo que nossos olhos estão vendo;*
> *e o outro insiste em que ela representa alguma coisa,*
> *e que não existe então inteiramente nela mesma,*
> *mas principalmente em nós. Quanto a mim, meus amigos,*
> *minha incerteza fica intacta!*
> Paul Valéry

Essa aporia, formulada por Paul Valéry, aparece na boca de Sócrates, ao longo de suas conversações com Erixímaco e Fedro no diálogo *A alma e a dança*[5] – em que o poeta francês retoma três das personagens do *Banquete* de Platão. O texto de Valéry compõe, ao lado de *A filosofia da dança* (1936) e de *Degas dança desenho* (1934), um conjunto de reflexões que tem como substrato e finalidade a formulação de uma poética da dança e a partir da dança.

O que em *A alma e a dança* se enuncia como incerteza, como hesitação entre metáfora e metamorfose, será respondido, em *A filosofia da dança*, como afirmação da pureza abstrata da forma.

---

5. Valéry, Paul. *A alma e a dança – e outros diálogos*. Apresentação e tradução de Marcelo Coelho. Rio de Janeiro: Imago, 1996.

> O corpo dançante parece ignorar o resto, nada saber de tudo aquilo que o cerca. Diríamos que ele se escuta e que não escuta senão a si mesmo [...]. A dançarina portanto está num outro mundo, que não é mais aquele que nosso olhar pinta, mas aquele que ela tece com seus passos e constrói com seus gestos. Nesse mundo, não há um fim exterior aos atos; não há objeto a se apropriar, a encontrar, a rejeitar ou a escapar, um objeto que conclua uma ação e dê aos movimentos, de início, uma direção e uma coordenação exteriores e, em seguida, uma conclusão nítida e certa. [...] Nada de exterioridade! A dançarina não tem um fora... Nada existe para além do sistema que ela forma pelos seus atos.[6]

A intenção de Valéry é clara: fazer da dança – essa "arte dos movimentos humanos"[7] (como ele dirá nos escritos sobre Degas) – uma regra geral do descolamento (ou da libertação) que a linguagem artística realiza em relação às funções e finalidades da linguagem ordinária. Tanto é assim que, escancarando *"l'arrière-pensée"*, as segundas intenções de sua argumentação, ele conclui:

> Tentei lhes transmitir uma ideia demasiado abstrata da dança, e representá-la sobretudo como uma ação que *se deduz*, depois *se libera* da ação ordinária e útil, para finalmente *se opor* a ela. Mas esse ponto de vista de grande generalidade [...] compreende bem mais do que a dança propriamente dita. Toda ação que não tende ao útil e que, por outro lado, é suscetível de educação, de aperfeiçoamento de seu desenvolvimento, se liga a essa tipologia simplificada da dança e, por extensão, *todas as artes podem*

---

6. Idem, "Philosophie de la danse". In: *Œuvres I, Variété*. Paris: NRF/Gallimard, 1957, p. 1398. [tradução do autor]

7. Idem, *Degas dança desenho*. Trad. Célia Euvaldo e Christina Murachco. São Paulo: Cosac Naify, 2003, p. 33.

ser consideradas como casos particulares dessa ideia geral, pois todas as artes, por definição, comportam em parte uma ação, *a ação que produz a obra*, ou que ao menos a manifesta.[8]

Essa brevíssima síntese do pensamento do autor de Sète (França) sobre a dança nos diz muito sobre sua concepção do poético como uma "depuração anticomunicativa",[9] como busca de "ápices de negação e de pureza, uma tensão ascética orientada para o cancelamento daquilo que é conhecido e dado"[10] (segundo expressões utilizadas por Alfonso Berardinelli, em *Da poesia à prosa*, para definir o "radicalismo lírico"[11] da modernidade, que encontra em Valéry um de seus mais combativos defensores).

Valéry não apenas identifica valores estéticos de sua poética em outras formas de arte, mas escolhe uma arte cujo caráter físico, cujo "formante" fundamental – o corpo (que está para a dança como a palavra está para a poesia ou o som para a música) – pareceria ir contra suas aspirações abstratas, para nele descobrir um objeto que nega a si mesmo para afirmar-se como um outro, graças àquela *cosa mentale* que irriga a poesia em particular e a arte em geral.

Não é o caso de discutir aqui a pertinência estética da visão de Valéry sobre a dança, de confrontá-la com outras interpretações possíveis, mas de usar seus argumentos, e os contra-argumentos que ele mesmo nos sugere, como utensílios para compreender um repertório que, por sua variedade de pesquisas e investidas, parece encerrar as mesmas tensões.

---

8. Idem, "Philosophie de la danse", op. cit., p. 1400 (grifos de Valéry).
9. Berardinelli, Alfonso. "As fronteiras da poesia". Trad. Maurício Santana Dias. In: *Da poesia à prosa*. São Paulo: Cosac Naify, 2007, p. 16.
10. Idem, "Quatro tipos de obscuridade", op. cit., p. 141.
11. Idem, "Cosmopolitismo e provincianismo na poesia moderna", op. cit., p. 87.

Les noces, Serenade, Gnawa, Ballo, Passanoite, Entreato, Polígono. Seriam os espetáculos apresentados pela São Paulo Companhia de Dança uma tentativa de harmonizar o resgate de coreografias clássicas e momentos fundantes do balé moderno com tendências contemporâneas? A simples relação dessas criações e de seu contexto histórico original indica um tal convívio: de um lado, remontagens de Nijinska ou Balanchine (obras pertencentes ao repertório da primeira metade do século XX); de outro, coreografias contemporâneas, como as de Nacho Duato, Alessio Silvestrin e Paulo Caldas. Mas seria o caso de falar em diacronia, de um percurso evolutivo que conduz de uma dança "figurativa" e com "enredo" para modalidades mais abstratas de movimento e de presença do corpo em cena?

Como observou Inês Bogéa, num dos ensaios de *Primeira estação*, em *Serenade*, "Balanchine cria peças sem narrativa: a dança seria uma instância particular da relação com o mundo" ("Passado futuro").[12] Ou seja, suas referências no balé clássico, assim como as marcas de uma determinada ambiência cultural e suas convenções estéticas e emocionais – como o *tutu* romântico, a iluminação azulada, o contraste entre os solistas e o corpo de bailarinos, as composições de formas geométricas, a própria serenata de Tchaikovsky com a qual a coreografia se harmoniza –, estariam na verdade a preencher de elementos visuais um recorte mais sutil e essencial de movimentos e gestos.

Da mesma maneira, e embora regredindo ainda mais nas raízes pré-modernas, a coreografia de *Les noces* por Nijinska, com sua fonte primeira no ritual de um casamento, nas danças e na mitologia russas, guardaria um elemento brutalmente "formalista" nas analogias gestuais entre corpo e

---

12. Bogéa, Inês. "Passado futuro". In: Bogéa, Inês (org.). *Primeira estação. Ensaios sobre a São Paulo Companhia de Dança*. São Paulo: Imprensa Oficial, São Paulo Companhia de Dança, 2009, p. 101.

máquina e no efeito de choque promovido pela música de Stravinsky, com suas bodas entre o primitivo e o moderno.

Esses dois exemplos serviriam, assim, para nuançar a impressão inicial, sugerida pelo programa da Companhia, de um percurso evolutivo ou diacrônico – fazendo valer o dito valeriano sobre a dança como *poesia geral da ação dos seres vivos*, na qual a apropriação do corpo pelo gesto preconcebido do artista o despoja e o destaca do entorno, com suas marcas sociais e linguísticas, afastando-o "do solo, da razão, da noção mediana e da lógica do senso comum".[13]

Entretanto, assim como a poética moderna se constitui por seleção de determinados valores no passado da arte, criando seus precursores, há outras modalidades de criação e de concepção do fenômeno artístico que sobrevivem de forma residual no presente – e a própria ideia de um sistema unificado das artes, de que se possa fazer uma analogia irrestrita entre as diferentes linguagens (poesia, prosa, música, escultura, dança, arquitetura), é um acontecimento pleno de historicidade e que, portanto, não pode ser generalizado.

Quando Valéry recorre à forma do diálogo platônico, em *A alma e a dança*, produz uma espécie de "anacronismo intencional": projeta um problema da estética moderna (os limites ou mesmo o postulado da "representação") no âmbito de uma época cuja atitude mental não previa tal discussão. Com isso, "cria" as bases de um outro anacronismo, menos perceptível, mas reiterado em *A filosofia da dança*, quando trata da poesia, da música, das artes plásticas e da dança como um conjunto homogêneo de procedimentos com finalidades e efeitos estéticos em comum.

À parte o fato de que a estética, como disciplina filosófica específica, só foi concebida por Baumgarten no século XVIII – momento no qual

---

13. Valéry, P. "Philosophie de la danse", op. cit., p. 1402.

surge a percepção de um sistema moderno das artes para "técnicas" outrora apartadas (a poesia e a dança agrupadas ao lado da gramática e da retórica; a música como ciência das proporções numéricas e, portanto, na contiguidade da aritmética, da geometria e da astronomia; as artes visuais na companhia das técnicas artesanais – e assim por diante, numa repartição ainda estranha ao conceito geral de *belas-artes*).

E, como observa Paul Oskar Kristeller (que em *Le système moderne des arts* fornece uma visão mais modulada das flutuações e tentativas antigas, medievais e renascentistas de estabelecer uma homologia entre todas as práticas artísticas),

> [...] se queremos encontrar na filosofia clássica um liame entre a poesia, a música e as belas-artes, é preciso principalmente se voltar para o conceito de imitação (*mimesis*). Já se levantaram passagens entre os escritos de Platão e Aristóteles que fazem claramente parecer que ambos consideram a poesia, a música, a dança, a pintura e a escultura como diferentes formas de imitação.[14]

Ou seja, quando se esboça na Antiguidade uma aproximação, mesmo que tímida e incompleta, entre tais linguagens artísticas (em seu sentido moderno), esta se deve justamente àquela categoria (a capacidade mimética, a *representação*) da qual a poética moderna teria se emancipado, na ótica de Valéry.

Qual o propósito desta discussão no âmbito de um comentário sobre o repertório da São Paulo Companhia de Dança? Simplesmente tentar traduzir a impressão de que, se efetivamente as coreografias da Companhia parecem apontar para uma depuração do espaço e do movimento rumo à

---

14. Kristeller, Paul Oskar. *Le système moderne des arts*. Nîmes: Éditions Jacqueline Chambon, 1999, p. 21.

abstração, esta não cancela os elementos miméticos (representativos e/ou narrativos) que latejam de modo residual não apenas nas criações clássicas ou do primeiro modernismo, mas até mesmo naquelas mais contemporâneas. E isto talvez se deva ao fato de que a dança, muito embora tenha progressivamente se irmanado às outras linguagens do sistema moderno das artes, em sua busca comum da emancipação da lógica e da linguagem ordinárias, conserva de suas funções anteriores (ritual, narrativa, ilustrativa etc.) alguns resquícios identificáveis em maior ou menor grau no programa da São Paulo Companhia de Dança.

Não seria este um caminho para quem (como o autor destes comentários) realiza uma viagem inaugural pelo universo da dança, sem o conhecimento de sua gramática, do sentido de tradição e inovação que cada movimento do corpo de bailarinos pode encerrar? De alguma maneira, a linguagem da dança oferece as mesmas dificuldades de tradução em palavras que a linguagem da música – ambas, dança e música, escoradas num sistema fechado de signos, uma codificação distante da chamada "língua natural" (ao contrário, por exemplo, dos símbolos gráficos de que fazem uso igualmente os falantes alfabetizados e os literatos, ou dos ícones pictóricos das artes visuais, cuja referência são convenções, amplamente compartilhadas, sobre a estrutura do mundo objetivo).

Assim como é possível falar da música sem se restringir a sua sintaxe, sem cair no positivismo da musicologia tradicional, porém tentando ouvir suas consonâncias ou dissonâncias em relação ao processo geral da linguagem (sucessões, variações, repousos, recapitulações), também é possível tratar esta "arte dos movimentos humanos" segundo suas analogias com outros movimentos e com outras linguagens (que não exclusivamente as artísticas).

Nesse sentido, se o caráter narrativo/representativo de um balé como *Les noces* é mais ou menos evidente – não havendo como ignorar, do figurino ao ritual, suas remissões a contextos culturais específicos da Rússia –, no caso de *Serenade* a trama parece mais "intertextual" ou "metalinguística": as figuras em cena e sua gestualidade parecem se enquadrar em coordenadas reconhecíveis na tradição; logo, porém, surgem cortes e descontinuidades, solistas que irrompem no meio da massa homogênea de corpos, como instrumentos em diálogo tenso com os demais naipes da Companhia.

Se fosse o caso de aplicar tropos linguísticos a esses dois espetáculos, teríamos, de um lado, a esfera metafórica de *Les noces* – uma representação coreográfica de outras representações (antropológicas, religiosas); de outro, as ironias de *Serenade* – ironias na forma de perceber o próprio movimento como artifício e como apropriação de outras coreografias, mas também ironia em relação às marcas de origem, aos traços culturais que vão sendo dissolvidos para que surja uma expressão mais pura, seja no plano formal (com seu rigor clássico), seja no plano emocional (com sua dramaticidade controlada).

Até aqui, porém, estamos falando de dois espetáculos que fazem referência às codificações mais comumente associadas à linguagem da dança. Em outros espetáculos (em especial aqueles que estimularam as reflexões deste texto: *Entreato*, *Polígono* e *Gnawa*), a identificação de elementos representacionais se dá de maneira mais oblíqua ou exterior à sintaxe que descrevem – pois essa sintaxe parece romper de modo mais nítido com a tradição clássica e sua narratividade.

No caso de *Entreato*, a coreografia inicial dos solistas (bem como a ausência de um corpo de bailarinos com os quais eles contrastem) sugere movimentos independentes, existências suspensas no tempo e em contraponto não entre si (ou com a música), mas apenas com o espaço cênico, com sua marcação de luzes e sua repartição geométrica. Esta ausência inicial de referências objetivas, todavia, é suprida pela projeção da imagem (algo fantasmagórica) da bailarina que gira num movimento visto ora do alto, ora de baixo de seu eixo.

O contraste entre os planos é arrebatador, mas não oblitera os sentidos, tampouco a referencialidade. Estes dois planos parecem descrever não apenas dois momentos do balé (um clássico, cujo índice é o *tutu* em rotação na imagem projetada no alto da boca de cena; outro de uma contemporaneidade encarnada pelo figurino "urbano"[15] e pelo descompasso igualmente urbano – no sentido da urbe pós-moderna, oposta à noção de *urbanidade* – dos gestos dos bailarinos), mas também duas temporalidades: a do corpo e a da experiência onírica.

Uma outra conotação do nome *Entreato* – além do fato de a coreografia ter sido concebida para estrear entre *Les noces* e *Serenade* e de evocar um filme de René Clair (como dito no programa do espetáculo)[16] – poderia ser, assim, essa representação dos interstícios de nossa vivência objetiva e subjetiva, do momento em que elementos conscientes e inconscientes expõem sua contiguidade. Se essa leitura não for equivocada, a coreografia de Paulo Caldas recapitula, pelo contraste formal, o processo mnemônico da própria dança, a recuperação de conteúdos que ficaram ocultos (recalcados?), mas cuja dinâmica continua ativa, em movimento, como essa bailarina que roda fora do tempo empírico – mas dentro do real.

Se em *Entreato* as referências se insinuam de modo fluido, mostrando como o imaginário e as imagens oníricas fazem parte do mundo objetivo, *Polígono* é talvez, de todos os espetáculos da São Paulo Companhia de Dança, aquele em que a referencialidade está mais ausente – o que faria da coreografia de Alessio Silvestrin a expressão rematada daquela concepção de poética ou filosofia da dança por Paul Valéry discutida no início deste texto.

O palco dividido por tules brancos e por painéis móveis cria um espaço puro para a pureza de movimentos que se descolam de qualquer

---

15. Figurinos de Raquel Davidowicz. [N. E.]
16. *Entr'acte* (1924), de René Clair (1898-1981). [N. E.]

mimetismo da dinâmica corporal ordinária. A própria composição de Bach parece perder aqui suas marcas contextuais (como as convenções da música da corte) para penetrar numa dimensão em que todo ente está ali para materializar a ideia de contraponto, em que importa mais a construção de regras de intersecção harmônica para aquilo que existe do que os seres singulares que habitam essa forma-ideia.

Estamos no âmbito dos cenários abstratos das peças de Beckett (no que estes têm de liricamente exangue), da construção do plano pictórico como horizonte último da criação visual (Mondrian, é evidente, mas também artistas como Rothko, Ad Reinhardt e sobretudo Richard Serra, cujos painéis escultóricos – de eloquente semelhança com a cenografia de *Polígono* – inoculam abstração no espaço público), em que o próprio tempo é espacializado: quando, ao final do espetáculo, projetam-se sobre o tule frontal imagens vistas de cima dos bailarinos, cria-se no espectador uma perturbação perceptiva altamente significativa. Seriam imagens ao vivo, vistas sob outro ângulo, da evolução coreográfica que se desenvolve no palco, ou gravações de outras apresentações, projetadas no momento da *performance*, criando uma ilusão de simultaneidade? A rigor, essa indagação é irrelevante: o espaço de *Polígono*, como indica seu título, é multifacetado, porém nada existe para além de suas coordenadas – nem mesmo o tempo, que já não remete a um *fora* da *performance*, mas está comprimido em simultaneidades e defasagens internas. Parafraseando Valéry, em *Polígono* nada existe para além do sistema que os bailarinos formam pelos seus atos.

Nada do que foi dito aqui sobre *Entreato* e *Polígono* poderia ser aplicado a *Gnawa* – que assim sugere um corpo estranho no repertório da São Paulo Companhia de Dança. Balé ritualístico com traços da cultura muçulmana, transe musical e ofertório que mescla a luminosidade mediterrânea a um domínio elementar de objetos (fogo, piras), derivando daí uma ideia de equilíbrio entre sensualismo e austeridade reforçada pela informação (exterior ao espetáculo) de que os *gnawas* são uma confraria de descendentes de ex-escravos e comerciantes africanos, que assimilaram tradições tribais, danças e rituais de cura à religião islâmica.

A sedução de *Gnawa* tem algo de primitivo, com seus ritmos do Magreb, mas também tem um significado no conjunto das produções da Companhia. É como se, na dança, a *representação* – que permanece implícita nas montagens históricas de *Les noces* e *Serenade* (sem porém ser demasiado explicitada pelas *performances*), torna-se fluida em *Entreato*, para desaparecer em *Polígono* – tivesse de lançar mão de um registro arcaizante, como o "Mediterrâneo profundo" de Nacho Duato, para ser restaurada em sua narratividade. Isso significaria que *Gnawa* é um momento de negação daquele processo de "depuração anticomunicativa" e de lirismo absoluto que Valéry generaliza para a dança como um todo e que, mesmo devendo ser contextualizado historicamente, se reitera nas apresentações de um grupo contemporâneo como a São Paulo Companhia de Dança?

Isso seria verdade se esse resgate de uma tradição "folclórica" e de uma "cor local" (duas expressões praticamente banidas do breviário da estética moderna) viesse de par com uma gestualidade e com movimentos também arcaizantes, miméticos ou decorativos, que apenas reproduzissem clichês da dança ritualística. Porém, o que se vê no espetáculo – daí derivando seu *pathos* – é um procedimento que consiste em recuperar elementos narrativos e referenciais de um passado pré-moderno para irrigar sangue no sistema autônomo criado pelos corpos em movimento.

Com *Gnawa*, enfim, é como se a São Paulo Companhia de Dança utilizasse a dança ritual para recriar rituais de abstração, atualizando a aporia de Valéry: entre a dança como representação de alguma coisa ou como um sistema encerrado em si mesmo, "minha incerteza fica intacta!".

Dança e representação: entre mimese e reflexibilidade
Sandra Meyer

A São Paulo Companhia de Dança possui um repertório de obras coreográficas que exibe formas distintas concernentes ao ato de dançar. Este desafio imposto aos bailarinos e bailarinas nos dois primeiros anos de atuação da Companhia, desde a sua fundação, em 2008, demandou uma empreitada artística para propiciar o trânsito entre estéticas e técnicas de dança diferentes e por vezes díspares. Com esta iniciativa vem possibilitando a apreciação, por parte do público, de experiências estéticas diferenciadas e, de certa forma, anacrônicas. Sem se constituir neste caso o anacronismo um erro de cronologia – atribuindo a uma época ou a um personagem ideias e sentimentos que são de outra época, ou em representar, nas obras de arte, costumes e objetos de uma época a que não pertencem[17] –, o repertório escolhido pela São Paulo Companhia de Dança traz dois clássicos da dança da primeira metade do século XX junto a peças compostas na contemporaneidade.

Atualizadas nos corpos dos intérpretes estão *Serenade,* do mestre russo George Balanchine (1904-1983), e *Les noces,* da bielorrussa Bronislava Nijinska (1891-1972). As obras de coreógrafos contemporâneos, como o espanhol Nacho Duato (com *Gnawa*), os brasileiros Ricardo Scheir (com *Ballo*), Paulo Caldas (com *Entreato*) e Daniela Cardim (com *Passanoite*) e o italiano

---

17. Ver Houaiss, Antonio. *Dicionário eletrônico da língua portuguesa.* Rio de Janeiro: Objetiva, 2007 (CD-ROM).

Alessio Silvestrin (com *Polígono*) completam o eclético repertório da companhia paulista. Os bailarinos da São Paulo Companhia de Dança, ao dançarem em tão curto espaço de tempo (dois anos) obras de cunho representacional diferenciado, demonstraram excelência artística, disponibilidade e atentividade.

Ao invés de analisar cada uma das obras do repertório, opto por abordar o conceito de representação, termo este tão caro ao teatro, buscando problematizá-lo na dança por meio do exame de quatro das montagens da jovem Companhia: *Serenade* e *Les noces*, duas referências dramatúrgicas mundiais, e *Entreato* e *Polígono*, com seu manancial de movimentos autorreflexivos.

Sendo mais recorrente no teatro, o ato de representar não é naturalmente associado ao ato de dançar, quando sim, é caracterizado muitas vezes pela referência à interpretação por parte dos bailarinos de diferentes técnicas, relacionado a determinados vocabulários desenvolvidos por seus respectivos criadores. Na tentativa de analisar o conceito de representação na dança recorro aos modos de representação que a dança faz do mundo propostos por Susan Foster,[18] a saber: imitação (*imitation*), semelhança (*resemblance*), replicação ou reprodução (*replication*) e reflexão (*reflection*). Antes de abordar o problema da representação na dança, chamando a atenção para as suas especificidades, convém realizarmos uma breve incursão nas teorias teatrais apontando para algumas questões relativas ao ato de representar em determinadas épocas e contextos históricos.

É da natureza do teatro e da dança produzir eventos no momento presente. A arte cênica flui de uma imagem em movimento a outra, em uma sucessão de formas cambiantes onde a presença da dança se dá como índice de seu desaparecimento. As questões da atuação e da representação desdobram-se na ambivalência entre o que ocorre no tempo-presente real e no

---

18. Foster, Susan Leigh. *Reading dancing: bodies and subjects in contemporary american dance*. Los Angeles: University of California Press, 1986.

ficcional. Há a *performance* em tempo real, mas o ator pode sugerir outro tempo paralelo, o da ficção. Esta ambivalência ocorre entre o ator (e o bailarino), quando em tempo-presente real, e a personagem (quando existente) ou situação dramática que carrega tradicionalmente representação ou imitação de alguém ou algo.

Representação e presença

A ideia de que a arte não passaria de mera cópia de um estado ideal, conforme o pensamento de Platão, impregnou sobremaneira o entendimento da relação entre a arte e o mundo por ela representado no Ocidente. Os objetos que perceberíamos sensorialmente seriam meras reproduções ou degradações de formas ideais puras. Platão repudiava as formas miméticas, pois os autênticos artistas deveriam perseguir a verdadeira realidade, e não a imitação. Como estes copiavam formas da natureza já secundárias, não puras, suas obras, consequentemente, se encontravam longe da verdade. Aristóteles, diferenciando-se de Platão, atribuiu uma função positiva a mimese, e sua ideia de arte como uma imitação e essencialização das experiências da vida ainda orienta muito da arte atual. Na *Poética*, Aristóteles expõe a mimese primeiramente como a capacidade de imitar, sendo esta natural ao homem desde a infância.

Os conceitos aristotélicos de dramaturgia se atualizam a cada vez que se estabelecem regras definidas para a cena teatral com base na máxima verossimilhança, ilusionismo, curvas dramáticas, conflito progressivo através dos diálogos e encadeamento causal das ações. Reforça-se, dessa forma, o papel do ator como aquele que fará com que o espectador, mesmo separado pelo efeito de perspectiva provocado pelo espaço do palco (especialmente o italiano), se identifique à ação cênica representada, pela ilusão de estar vivendo-a de maneira plenamente atual. Mas num olhar mais atento, percebe-se que, nos capítulos seguintes da *Poética*, Aristóteles já associa a imitação, não a uma mera cópia, mas a uma seleção e elaboração feita pelo artista a partir da realidade, para atingir uma "probabilidade ou necessidade": "não é ofício do poeta narrar o que realmente acontece, é sim representar o que poderia acontecer, quer dizer: o que é possível, verossímil e necessário".[19] Não como as coisas realmente são, mas como poderiam ser. Aristóteles já via a realidade como devir, com o mundo material composto de formas parcialmente realizadas, que se encaminham para o seu aperfeiçoamento. O que não significa dizer que o artista, para Aristóteles, tinha liberdade total de criação. Ele deveria reproduzir, salienta Carlson, este "processo do vir a ser", se despojando dos elementos "acidentais ou individuais", ocupando-se com o universal, que é função da poesia.[20]

Ainda assim, a *Poética* de Aristóteles impôs à cena um papel secundário, relegada à parte material, portanto menor, da alma do drama: o texto linguístico. A hegemonia do texto e da palavra, seguindo uma estética de imitação, marcou toda a evolução do teatro ocidental. Num sentido clássico, a representação no teatro propicia "tornar presente no instante da apresentação cênica o que existia outrora num texto ou numa tradição teatral".[21] No teatro contemporâneo, contudo, o ato de representar não se restringe à atualização de algo prévio, mas à criação do evento cênico no próprio instante do ato de sua apresentação. O *presente da representação* exibe a cena como acontecimento único, "construção que remete a si mesma, e que não imita meramente um mundo de ideias".[22]

---

19. Aristóteles. *Poética*. In: *Aristóteles*. São Paulo: Nova Cultural, 1996, p. 53 (coleção Os pensadores).

20. Carlson, Marvin. *Teorias do teatro. Estudo histórico-crítico, dos gregos à atualidade*. São Paulo: Editora da Unesp, 1997, p. 15.

21. Pavis, Patrice. *Dicionário de teatro*. São Paulo: Perspectiva, 1999, p. 338.

22. Ibidem, p. 339.

A representação teatral no Ocidente somente desvencilhou-se de uma postura meramente imitativa e reprodutiva do texto literário no século XX. Com esta nova perspectiva, o corpo do ator e do bailarino, por muito tempo moldado para imitar e significar, passou a se caracterizar cada vez mais pela sua presença, e menos por sua carga significante. A busca de superação do corpo semântico vem proporcionando novas perspectivas ao teatro moderno e ao teatro pós-dramático, fazendo do próprio corpo e do processo de sua observação um "objeto-estético teatral", menos por seu poder de significar, e mais pela sua cinestesia e capacidade de provocar.[23]

Até os descobrimentos cênicos do século XX, a teoria de que a arte é um reflexo mimético da natureza colocou a representação cênica como imitação e repetição do mundo. A representação consegue, a partir daí, conquistar certa autonomia, constituindo-se como um sistema textual nela mesma. Desta forma, a representação só existe no presente comum do ator ou bailarino, do espaço cênico e do espectador, vincula-se a um momento pontual de recepção e não pode ser vista somente como a repetição de algo presente anteriormente. Cada repetição implica uma modificação dos signos em um processo – uma semiose, desvencilhando-se da ideia de repetição como reprodução do mesmo.

Ao descrever uma dança possível longe da obrigação da representação e do jogo do "como se", proposto por Stanislavski, situação em que o ator busca se aproximar do universo da personagem, perguntando-se o que e como faria se estivesse nas circunstâncias deste, Michèle Febvre cita o efeito de *presentação*.[24] Sem compactuar necessariamente com o jogo mimético da ação dramática, a dança possui a faculdade de partir de forças provenientes da presença dos corpos que, pelo viés da motricidade,

---

23. Lehmann, Hans-Thies. *Teatro pós-dramático*. São Paulo: Cosac Naify, 2007, pp. 334-335.
24. Febvre, Michèle. *Danse contemporaine et theâtralité*. Paris: Éditions Chikon, 1995.

provocam um efeito de reconhecimento de trajetos energéticos e traços fisiológicos da vida emocional. A corporeidade expressa "é capturada como substância e não como temática, é permitido aos corpos não dizer outra coisa que não o que eles são, não estão 'no lugar de'".[25]

No que se refere à construção da personagem e à dança, a diretora teatral americana Anne Bogart cita a mestra Martha Graham (1894-1991) ao salientar o mau entendimento das teorias de Stanislavski por parte do teatro norte-americano.[26] A pesquisa da coreógrafa acerca da criação de personagens, embora pioneira na cultura americana, para Bogart, não foi traduzida a contento para os atores de seu país. Para criar personagens em suas danças – muitas delas incursões ao universo trágico grego, como *Night journey* (1947) e *Clytemnestra* (1958), Bogart argumenta que ela "desconstruía o texto escrito em uma série de gestos que expressavam a vida emocional por trás das palavras".[27] Graham simplificava seus complexos movimentos técnicos, destinados a bailarinos, em princípios básicos para mostrar aos atores que o movimento poderia definir uma personagem.[28] Nas palavras de Horosko:

> Ao invés de trabalhar a partir do interior para o exterior, como Stanislavski o fazia através do método das forças motivas, por ele criado, Graham embasava seu trabalho a partir do exterior (o movimento) para o interior

---

25. Ibidem, p. 144.
26. Nunes, Sandra Meyer. "*Viewpoints* e Suzuki: pontos de vista sobre percepção e ação no treinamento do ator". In: Andrade, Milton; Beltrame, Valmor (orgs.). *Poéticas teatrais: territórios de passagem*. Florianópolis: Design Editora, Fapesc, 2008, p. 115.
27. Bogart, Anne. *A director prepares. Seven essays on art and theatre*. New York: Routledge, 2001, p. 38.
28. Graham ensinou dança no Neighborhood Playhouse School of the Theater, um importante centro de arte dramática de Nova Iorque, por volta de 1928.

(a emoção). O movimento pode definir a emoção mais economicamente que as palavras.[29]

Bogart chega a afirmar que Graham seria pioneira, nos Estados Unidos, da visão do movimento como agenciador da emoção e expressão, resgatando seu papel histórico ante a predominância das teorias europeias e russas no novo continente que trataram destas questões, em especial a stanislavskiana.[30]

O processo de dramatização, tradicionalmente, refere-se à estrutura da obra literária que coloca em jogo um conflito entre os personagens e ações bem identificadas.[31] Por outro lado, há o jogo entre os meios cênicos, tais como figurino, cenografia, música, maquiagem e a relação entre os atores. O ato de representar do corpo dançante surge não necessariamente como produto de uma estrutura dramática convencional, mas é gerado a partir do jogo entre os intérpretes e outros meios numa dinâmica afetiva cuja cena interior desencadeada por estes muitas vezes nos escapa.

A dissolução gradativa do conceito de representação como espelhamento da natureza pode ser observada nas transformações do corpo no âmbito estético, se distinguindo em duas grandes fases, como sugere Anne Marie Sellami-Viñas.[32] A primeira, compatível com as teorias teatrais surgidas nos séculos XVII e XVIII, apresenta uma visão de representação que se interessa pelo movimento ou gesto nas formas como estes se colocam em

---

29. Horosko, Marian (org.). *Martha Graham: the evolution of her dance theory and training.* New York: Capella Books & Chicago Review Press, 1991, p. 94.

30. Bogart, A., op. cit., p. 38.

31. Febvre, M., op. cit., p. 75.

32. Sellami-Viñas, Anne Marie. *L'écriture du corps en scène. Une poétique du mouvement.* Paris: Tese de Doutorado (D'État et Lettres et Sciences Humaines). Université Paris I, Panthéon, Sorbonne, 1999.

cena enquanto uma reprodução do real. As imagens das expressões gestuais poderiam ser adquiridas por parte do ator pela observação de modelos de representação pictóricos (as belas-artes) e a interioridade das paixões julgada pelos signos externos traduzidos pelo corpo. Até o século XIX as mãos e o rosto eram os espelhos privilegiados da alma, revelando estados de espírito ou exprimindo sistemas significantes. A arte do ator se colocava como ponto de intersecção entre as artes veiculadas no tempo (poesia e música) e artes no espaço (pintura e escultura). Entre as metáforas de "estátua animada" e de "pintura transitória", cabia ao ator manejar as transições entre poses fixas emblemáticas.[33] Os balés também eram vistos como quadros ou poemas vivos, e deveriam reunir todos os encantos da pintura. Cada ato seria finalizado como um poema, com os bailarinos a recitá-los por meio do gesto.[34] Claude-François Menestrier (1631-1705) e Jean-Georges Noverre (1727-1810) salientavam que a dança ultrapassaria as possibilidades de imitação se comparada às outras artes. Sendo a dança o espelho da alma em movimento, sua expressão seria maior que a palavra do poema e a imagem estática da pintura. A pintura ou a escultura possuiriam não mais do que um só momento em que poderiam se exprimir. Já a dança teatral teria todos os momentos sucessivos, um movimento real que desenha as paixões humanas de quadro a quadro. O movimento é analisado, desta forma, a partir de sua conformidade aos objetivos e às regras de determinados sistemas fechados de representação artística; ele também é visto a partir de sua capacidade de mimetizar a natureza humana e seus estados de alma. O corpo é abordado enquanto resposta e não como questão em si mesmo.

33. Gotthold Ephraim Lessing coloca estas questões em "Hamburg Dramaturgy" (1767) In: Roach, Joseph R. *The player's passion: studies in the science of acting*. Toronto: Associated University Presses, 1985, p. 73.

34. Noverre, em uma de suas "Cartas sobre dança". In: Monteiro, Marianna. *Noverre. Cartas sobre a dança*. São Paulo: Edusp, Fapesp, 1998, p. 343.

No final do século XIX surgiria a segunda fase. A busca pela superação do mero virtuosismo e mecanicismo e pela conquista da expressão pessoal se reforçaria no gesto da dança e do teatro. O corpo passa a ser visto em sua totalidade, em que cada movimento interfere no todo. O movimento cênico é tratado como matéria à parte. Suas qualidades expressivas são estabelecidas não somente como imitação da natureza, mas também em função da identificação de mecanismos intrínsecos ao corpo, bem como às repercussões sensoriais e sinestésicas a partir do estudo do movimento deflagrado por pedagogos e artistas. Os princípios da correspondência, da oposição e da sequencialidade de movimentos propostos por François Delsarte (1811-1871), os fundamentos didáticos da Euritmia presentes nas teorias de Émile Jaques-Dalcroze (1865-1950) e o estudo do movimento elaborado por Rudolf Von Laban (1879-1958) presente na Corêutica e na Eucinética são exemplos de uma nova percepção do corpo e do movimento. Essas premissas podem ser observadas na dança de expressão de Mary Wigman (1886-1973), seguidora dos princípios de Laban, e na dança natural de Isadora Duncan (1878-1927), referenciada na filosofia delsartiana, pois não tratavam mais de "imitar" a natureza, tal qual um retratista frente a um modelo, mas "expressá-la" com base na percepção do próprio artista por meio da manifestação de impulsos internos.

Ainda na primeira metade do século XX, com os escritos de Marcel Mauss (1872-1950) e a publicação póstuma da obra de Marcel Jousse (1886-1961), o corpo é abordado em sua relação com o ambiente. A visão da antropologia amplia o entendimento, antes majoritário, do corpo como instrumento estrito de expressão das paixões. Jousse defende a ideia de que o homem pensa com seu corpo, através de formas das expressões gestuais e verbais do pensamento. A nova ciência criada por Jousse, a Antropologia do Gesto, insere o comportamento gestual no processo de conhecimento e de memória do homem. Jousse identifica meios de expressão não verbal e funda a existência de um pensamento corporal para designar o que o corpo pode exprimir, independente ou ao lado do discurso verbal. Já Mauss valoriza o corpo como meio de transmissão de tradições a partir da classificação de técnicas corporais em diferentes culturas.

Nesse período do século XX a ideia da arte como imitação da natureza é abandonada por várias formas artísticas, enquanto afirma-se a potência do abstracionismo, tendo como pioneiros artistas como Mondrian, Malévich e Kandinsky.[35] A aquisição das capacidades técnicas na dança se direciona cada vez mais para a exploração do potencial singular de cada corpo, e não somente como no balé, onde a experiência do movimento molda-se a um vocabulário previamente codificado.

O que se denomina "crise da representação", que modificou a arte e as linguagens do século XX, é um fenômeno ligado ao questionamento dos referenciais de registro e de apreensão do real. Jacques Derrida categoriza as representações sobre a realidade exterior como não sendo cópias imagéticas do real em si mesmo. Sua filosofia da diferença reforça a ideia de que a representação não é a modificação de um acontecimento de uma apresentação original, dado que cada repetição já modifica o signo num processo. O teatro, neste sentido, é "repetição daquilo que não se repete, o teatro como repetição originária da diferença no conflito das forças".[36] Já a dança, segundo Paul Valéry, sendo "ato puro de metamorfoses", fascina-nos pelo desafio que lança aos nossos sentidos, incapazes de fixar cada instante, cada imagem que de súbito se transforma para não

---

35. Em *Du spirituel dans l'art* [*Do espiritual na arte*] (1912), Kandinsky veio a teorizar o abstracionismo, concebendo a arte como a expressão do espírito humano. Neste sentido, o caminho mais eficaz para obter essa expressão humanística e o afastamento de qualquer conteúdo literário ou simbólico seria o das formas e das cores puras.

36. Derrida, Jacques. *A escritura e a diferença*. São Paulo: Perspectiva, 1995, p. 176.

mais voltar, "ou então reaparecer num encadeamento tão diverso que não se dá uma repetição".[37]

A crítica à representação foi um dos impulsos que sustentaram a produção artística da geração pós-moderna da dança americana dos anos 1960, especialmente direcionados à forma com que criadores da modernidade, como Martha Graham, concebiam a representação do movimento dançado. Yvone Rainer, na esteira de Merce Cunningham (1919-2009), reafirma a dança como puro movimento, nos mostrando o estranhamento do movimento ordinário na cena. "Movimentos ordinários para ações ordinárias. Executar as tarefas em um tempo real, quer dizer, sem trabalhar o seu desenvolvimento. Efetuar no aqui, agora, sem o efeito de representação."[38] Havia o interesse, por parte dos coreógrafos americanos desse período, pelo movimento apartado de uma eficácia teatral, longe de um ilusionismo acrescido de emoção ou de referências literárias.

Os modos de representação propostos por Susan Foster, em sua tentativa de abarcar a diversidade de estéticas ou técnicas, apontam para formas possíveis com que o mundo é percebido e abstraído pelo movimento dançado. A mimese, neste entendimento, apresenta gradações em relação ao objeto representado através de diferentes níveis – imitação, semelhança, replicação e reflexão, considerando que sempre haverá "um referente possível em qualquer imagem, ainda que esta seja simplesmente um simulacro".[39] Entendida alhures da clave da imitação, a mimese carrega a sua própria impossibilidade de reprodutibilidade, e remete à ideia de que "nem todas as ações humanas são miméticas, e nem toda mimese é necessariamente

---

37. Sasportes, José. *Pensar a dança. A reflexão estética de Mallarmé a Cocteau*. Rio de Janeiro: Imprensa Nacional, 1983, p. 76.

38. Febvre, M., op. cit., p. 24.

39. Ramos, Luís Fernando. "Por uma teoria contemporânea do espetáculo: mimese e desempenho espetacular". *Urdimento – Revista de Estudos em Artes Cênicas*. Florianópolis: Udesc, 2009, p. 81.

imitativa".[40] A estratégia mimética encontrada no trabalho de artistas como Pina Bausch (1940-2009) já deu provas do quanto a noção de representação como repetição do mesmo pode ser subvertida, por meio de transformações e transgressões, afetando o comportamento dos corpos no tempo e no espaço.

Da imitação à reflexão

Foster descreve os quatro modos de representação por meio de situações compositivas pontuais. Se um coreógrafo escolhe como matéria de sua criação uma situação social, tal como um cumprimento ou saudação ou o momento de encontro entre duas pessoas, a escolha de alguns atributos da experiência de saudar alguém, como a súbita percepção da presença do outro constituiria o que a autora chama de semelhança. Esse modo de representação pode aparecer no movimento através de uma presença mais alerta ou simplesmente como uma pausa momentânea numa frase de movimento.[41]

A imitação de um cumprimento, em contraste, pode reproduzir um gesto de saudação ditado por gestos sociais ou de gênero nas atitudes em relação ao outro. Um aperto de mão selaria a proximidade com esta perspectiva relacional. Ao imitar as coisas, o movimento tenderia a ser mais "fiel" ao objeto/imagem representado. O objeto a ser representado pode ser também visto como imagem, e não somente como matéria observável externamente. No entanto, alertamos para o entendimento de imitação como potência de criação, e não somente como mero reflexo do mundo.

Já a replicação pode envolver um foco menor sobre uma identidade social e investir numa relação sistemática entre dançarinos, menos retratada em atitudes e comportamentos decifráveis e mais elaborada em sentimentos sutis e interconectados. Na reflexão o cumprimento ou saudação pode ser

40. Ibidem, p. 72.
41. Foster, S. L., op. cit., p. 67.

mostrado somente como uma inevitável parte do movimento num dado espaço em relação aos outros. Os dançarinos não manifestam especial atenção um ao outro, mas investem em atividades no espaço.[42] Muitas das danças modernas do século XX combinam imitação com estruturas de replicação de forma similar. A imitação pode aparecer nos figurinos, na cenografia ou no movimento, criando referências históricas, míticas ou sociais, sem, no entanto, se restringir a estas referências. A movimentação de Wigman em sua célebre coreografia *Dança da feiticeira* (1914) replica um gestual instintivo e demoníaco.[43] O espaço exterior se constitui como um campo de forças, aliado à pulsão expressiva da intérprete alemã, que, sentada, com uma máscara de seu próprio rosto explora sua *kinesfera*[44] com vigorosas batidas dos pés no chão e uma movimentação explosiva dos braços em direção ora ao espaço exterior, ora ao seu próprio corpo. A movimentação construída por Wigman não imita uma identidade social específica, mas alude a uma situação da condição humana por si, em especial da mulher, replicando conflitos internos em conexão com o contexto social de sua época e lugar. Wigman declararia em um de seus momentos de criação da *Dança da feiticeira*: "[...] Uma bruxa, uma criatura com seus instintos expostos e descontrolados, com sua insaciável avidez por vida, mulher e besta ao mesmo tempo".[45] Outro exemplo de replicação pode ser visto no movimento de contração e expansão desenvolvido por Martha Graham, que, segundo Foster,[46] replica as interconexões entre o centro do corpo e periferia, mais

---

42. Ibidem, p. 76.

43. Ibidem, p. 75.

44. O termo kinesfera (ou cinesfera) foi utilizado por Rudolf Laban para designar a esfera de espaço em volta do corpo do agente na qual e com a qual se move. In: Rengel, Lenira. *Dicionário Laban*. São Paulo: Annablume, 2003, p. 25.

45. Banes, Sally. *Dancing women. Female bodies on stage*. New York: Routledge, 1998, p. 127.

46. Foster, S. L., op. cit., p. 73.

especificamente entre a região da pélvis, local onde emerge o movimento de contração, e o resto do corpo, tendo como motivações gestos emocionais e tensões construídas na relação com o ambiente.

No modo de representação reflexivo o movimento fala de si mesmo e toca tangencialmente o mundo, o que permite que uma caminhada no palco possa apresentar qualidades relativas ao tema proposto – o cumprimento ou saudação, sem recorrer a um sentido literal. Reflete a atividade do movimento propriamente dito e ocasionalmente se aproxima de situações e comportamentos decifráveis encontrados no meio. A obra de Martha Graham, ícone da modernidade na dança no século XX, é vista como arte representacional, já o formalismo de Merce Cunningham, que, em sua rejeição à estrutura narrativa das coreografias dos anos 1940, em especial de sua mestra, Graham, é associado a uma arte não representacional, e, na acepção de Foster, a um modo reflexivo de representação. Contudo, ainda que a obra de Cunningham negue a pulsão expressiva da dança moderna, afirmando que o movimento não é obrigado a representar algo que não ele mesmo, para o crítico Roger Copeland a função mimética permanece, apresenta apenas uma mudança, "de um antigo modo de mimese para outro que espelha mais pontualmente a complexidade, a simultaneidade e a causalidade não aristotélica que caracteriza a vida urbana contemporânea".[47] Cunningham não nos oferece estórias sobre o mundo com princípio-meio-fim, mas uma estrutura espacial, rítmica e relacional que nos ajuda a entender a experiência da vida contemporânea. A ideia de imitação permanece, contudo, sob uma perspectiva não platônica e não aristotélica.

A pulsão autoafetiva ou autorreflexiva é descrita por Michel Bernard como uma das quatro características com as quais define a especificidade

---

47. Copeland, Roger. *Merce Cunningham. The modernizing of modern dance.* New York: Routledge, 2004, p. 14.

da dança como arte.[48] Trata-se do desejo constitutivo de todo processo expressivo, no sentido etimológico do termo, do retorno da *corporéité*[49] a ela mesma. Assim, a dança "exibe e orquestra esta vocalidade virtual, esta musicalidade fantasmagórica e carnal de nossa corporeidade".[50] A proposição de Michel Bernard sobre a teatralidade na dança interroga-nos acerca das manifestações intensivas dos corpos, que "se convertem, se metaforizam e metamorfoseiam em expressão, em efeitos de sentidos ou em teatro, mesmo aquele em que se encontra totalmente afastado de uma intenção mimética ou expressiva".[51] A plasticidade e mobilidade do corpo e a possibilidade de designar a si próprio propiciam que cada gesto tenha por si só vários sentidos.

O que Foster chama de movimento reflexivo é descrito por José Gil como movimento sem referente, ou autorreferido. Nesse, a experiência do bailarino despoja-se dos elementos representativos ou emocionais enquanto motores do movimento, comumente presentes no balé e na dança moderna.[52] A conquista desta autorreferencialidade depende da atenção do bailarino ao movimento "puro", ou mais precisamente, na "gramática" deste. "A consciência do corpo (*awareness*) fixa-se na energia, nas articulações, nos

---

48. "Aliado à autorreflexibilidade do movimento dançado está a dinâmica de uma metamorfose indefinida, o jogo aleatório e paradoxal de tecer e destecer o tempo, num fluxo contínuo de instantes e o diálogo incessante e conflituoso com a gravidade." In: Bernard, Michel. *De la création chorégraphique*. Paris: CND, 2001, pp. 209-210.

49. A noção de *corporéité temporelle*, para Bernard, no sentido de corporeidade, vai além da anatomia individual do dançarino na cena, mas compreende o corpo como rede complexa de qualidades sensoriais, motoras, afetivas e simbólicas, constelação de intensidades energéticas heterogêneas (Bernard, M., op. cit., p. 211).

50. Ibidem.

51. Febvre, M., op. cit., p. 47.

52. Gil, José. *Movimento total. O corpo e a dança*. Lisboa: Relógio d'Agua, 2001, p. 41.

movimentos, e não nas emoções ou nas imagens de uma narrativa."[53] Nesse caso, o movimento adquire uma intencionalidade própria, e a gramática dançada "torna-se o sentido", com sua lógica própria, como afirmou Merce Cunningham.[54]

José Gil fala de uma metalinguagem ou infralíngua ao descrever a "lógica do sentido" que do corpo emana.[55] A infralíngua deve ser entendida como "resultado de um processo de incorporação (*embodiement*) da linguagem verbal", sendo que a gramática é absorvida pelos movimentos corporais. Neste processo de incorporação das informações do mundo o corpo adquire uma inteligência e uma plasticidade que lhe é própria, como o conhecimento do espaço e do tempo, intuições, fulgurações, associações que refluirão no intelecto e na linguagem verbal. A infralíngua, enquanto linguagem dita pré-verbal, emerge concomitantemente à verbal.

Gil fala da potência mimética do corpo desde as manifestações das sociedades arcaicas. Entretanto, o dançar já era traduzir uma lógica interna, representando os ritmos pelos ritmos, as formas por si próprias, as articulações da infralíngua em estado "puro". Esta gratuidade da infragramática, ou a inutilidade pressentida por Paul Valéry, ao considerar a dança em sua não funcionalidade, constitui a própria narrativa da dança. A "autossuficiência" da dança seria como que um desafio ou um dispositivo de transgressão da séria imposição dos signos, e se insinua mesmo nas proposições simbólicas que a dança possa veicular. Mesmo em face da perene ilusão dos coreógrafos de "mimar" a dança para torná-la mais expressiva, para Valéry a dança deixa escapar a sua eventual incapacidade de transmitir em sua linguagem específica as ideias e os sentimentos. Pela voz dos

---

53. Ibidem, p. 39.
54. Ibidem, p. 41.
55. Idem, *Metamorfoses do corpo*. Lisboa: Relógio d'Água, 1997, pp. 46-47.

personagens em *A alma e a dança*, Valéry fala da prodigiosa máquina que é o corpo humano, com seus movimentos úteis, como os do cotidiano, e os inúteis, como os da dança. Movimentos inúteis, mas que melhor nos falam da natureza do nosso corpo.[56]

A interrogação de Gil é pertinente: "É possível submeter o corpo a uma linguagem?".[57] A partir da taxionomia elaborada pelo linguista Kenneth Lee Pike, Gil detecta problemas no que se refere ao entendimento da dança como linguagem. Seria impossível precisar a fronteira que separa um fragmento de movimento de outro, tal como ocorre com fonemas, os movimentos do corpo deslizam e correm de um para outro, é impossível cortar o *continuum*, há demasiados cruzamentos entre os segmentos.[58] Não existe unidade gestual facilmente isolável a ponto de formar uma "géstica", ou seja, uma linguística do gesto.

Este *continuum* inerente ao movimento parece ser o lugar onde os efeitos, os acontecimentos operam, fazendo circular os sentidos do corpo que dança. Ainda que sob uma objetiva intenção dramática, o corpo tem seus próprios sentidos e forças que escapam a uma imposição sígnica. Mesmo inscrito em um projeto de significado evidente, a dança de Graham – e de seus pares – jamais sucumbe totalmente aos imperativos do sentido, admite Febvre.[59] A autora reforça a dimensão incontornavelmente autossuficiente da dança, que deixará sempre um resíduo "in-significante" (termo que deve indicar uma resistência, mais do que uma negação) qualquer que

---

56. Valéry, P. *A alma e a dança – e outros diálogos*, op. cit.

57. Tentativas de lançar as bases de um sistema de notação de movimentos datam de 1599, com Arcângelo Tuccaro: O corpo resiste a uma descrição científica? Tuccaro queria fugir da visão mitomágica da dança e da acrobacia da época, buscar estudar o movimento do salto, do giro etc. (Gil, J. *Metamorfoses do corpo*, op. cit.).

58. *Apud* ibidem.

59. Febvre, M., op.cit.

seja a instituição do corpo dançante e suas contorções por um sentido. Por outro lado, a fuga de um projeto significante em estéticas tais como a de Cunningham carrega, inevitavelmente, proposições de sentido. Um sentido que não está dado, mas que emerge na relação corpo-ambiente. O sentido difere do significado, que é da ordem do conhecido. Como aponta Deleuze, o sentido é produzido, não é nunca princípio ou origem. "Ele não é algo a ser descoberto, restaurado ou re-empregado, mas algo a produzir por meio de novas maquinações. Não pertence a nenhuma altura, não está em nenhuma profundidade, mas é efeito de superfície, inseparável da superfície como de sua dimensão própria."[60]

Noverre, no século XVIII, parece ter percebido a impossibilidade de enquadrar a dança num modelo mimético tal qual o teatro de sua época. Sua tentativa de ajustar o balé ao modelo aristotélico apresentava fissuras, aproximando-o mais das regras do poema do que do drama:

> [os balés] diferem, no entanto, da tragédia e da comédia pelo fato de não se sujeitarem à unidade de lugar, de tempo e de ação. Exigem, porém, necessariamente unidade de desenho, a fim de que todas as cenas se conciliem e atinjam um mesmo objetivo. O balé é, pois, filho do poema e não pode de modo algum ser constrangido pelas regras estreitas do drama, por esses entraves que o engenho se impõe, que estreitam o espírito, comprimem a imaginação, destroem totalmente a composição do balé, privando-o da variedade que constitui seu encanto.[61]

Na análise de Foster, os quatro modos de representação podem ocorrer simultaneamente, sendo que as obras coreográficas em sua maioria

---

60. Deleuze, Gilles. *Lógica do sentido*. São Paulo: Perspectiva, 2000, p. 75.
61. Noverre *apud* Monteiro, M., op. cit., pp. 96-97.

combinam alguns destes modos. No balé, a imitação, muitas vezes em forma de pantomima, convive com longas sequências reflexivas, quando a movimentação do repertório próprio de dança clássica se instaura. Veem-se então passos codificados de dança entremeados a gestos de afetos entre os bailarinos. Além da ênfase na fisicalidade em geral, a dança elabora seu próprio mundo de referências motoras, apresentando uma gramática cuja reflexibilidade fala do mundo tangencialmente e que compõe uma sintaxe própria de cada técnica/estética. A imagem de uma bailarina executando um arabesque ou uma pirueta ilustra esta perspectiva.

A imitação também pode ocorrer, como alerta Foster, dentro de uma estrutura reflexiva. Nas danças de Cunningham, por exemplo, um dançarino em um dado momento oferece a mão para outro dançarino, como se dissesse: "venha, vamos dançar juntos".[62] Contudo, o gesto imitativo, no caso das composições de Cunningham, ocorre tão raramente e de forma imprevisível que ele traz somente à memória do espectador que a dança, se é sobre alguma coisa do mundo, é sobre o repertório articulado de movimentos do corpo humano.[63] Cunningham, como afirma Simone Forti, é o mestre das articulações isoladas, ditas adultas, pois disseca o corpo e sua inteligência analítica, próxima a uma articulação linguística. Ele apresenta o corpo com uma inteligência de um modo especificamente contemporâneo, abandonando a pulsão de unidade pretendida pela dança moderna do início do século passado.[64]

---

62. Foster, S. L., op.cit., p. 75.

63. Ibidem, p. 76.

64. *Apud* Copeland, Roger. *Re-thinking the thinking body: the articulate movement of Merce Cunningham*. Proceedings of Society of Dance History Scholars. Twenty-Second Annual Conference. University of New Mexico, 1999.

As figuras não figurativas da dança

Remanescentes de uma estética que combina pantomima e dança pura, imitação e movimento reflexivo, *Les noces* e *Serenade* demonstram a inovação das formas de representação na dança clássica propostas por Nijinska e Balanchine, respectivamente, atuando como peças de vanguarda em sua época. Balanchine combina movimento reflexivo com doses rarefeitas de imitação. Assim como outras peças de Balanchine, *Serenade* é um balé não narrativo, sem personagens, mas inevitavelmente cria sentidos humanísticos (mais do que significados) nos precisos e dinâmicos deslocamentos espaçotemporais do corpo de baile. Em *Serenade* o sentido emerge do movimento propriamente dito. A obra incorpora fatos do cotidiano dos ensaios, como o atraso de uma das dançarinas ou a queda de outra,[65] interferindo de forma sutil e em momentos pontuais no padrão reflexivo que permanece em grande parte da montagem coreográfica. Ao falar de *Agon*, criada em 1957, Balanchine clarifica esta questão: "O não narrativo não significa abstrato. Dois bailarinos no palco constituem material necessário para uma estória; para mim, eles são estória neles mesmos".[66]

Ainda que o artista não construa intencionalmente encadeamentos lógicos, há a pulsão narrativa do espectador: "a qualquer momento surgirá alguém que conseguirá construir figuras, [...] estamos vivendo numa época em que não há como evitar que se estabeleçam enredos entre as imagens", como salienta Sylvester ao abordar a obra do artista plástico Francis Bacon,

---

65. *Serenade* foi a primeira coreografia de Balanchine para a School of American Ballet, ocasião em que o coreógrafo exercitava com seus alunos as diferenças entre os exercícios de aula e os movimentos dançados no palco. Ver: "Passado futuro". In: Bogéa, I. (org.)., op. cit., p. 102.

66. Balanchine, George. "Marginal notes on the dance". In: Sorrell, Walter. *The dance has many faces*. New York: Columbia University Press, 1966, p. 99.

uma espécie de pintura que apresenta uma figura não figurativa.[67] De qualquer forma, as "figuras" da dança, em movimento de fato, sugerem imagens que dificilmente não levarão a alguma espécie de narrativa, mesmo que não linear, não ilustrativa ou dramatizada. O figurativo, enquanto representação, relaciona a imagem ao objeto que ela supostamente ilustra, e também a relação de uma imagem com outras imagens. A narração seria o correlato de ilustração. O problema é mais complexo, como aponta Deleuze:

> Haveria relações entre figuras que não sejam narrativas, e do qual não decorra figuração alguma? Figuras diversas que brotariam do mesmo fato, que pertenceriam a um só e mesmo fato único, ao invés de narrar uma história e de remeter a objetos diferentes num conjunto de figuração? Relações não narrativas entre figuras e relações não ilustrativas entre as figuras e o fato?[68]

A pintura, de forma geral, tem duas vias de escape do figurativo: na direção da forma pura, por abstração; ou então na direção do puro figural, por extração ou isolamento. Se o artista opta pela segunda direção, será então para opor o "figural ao figurativo",[69] caso este encontrado na obra de Francis Bacon. Em *Les noces* Nijinska desenha formas e linhas com suas figuras humanas, cuja reflexibilidade forma uma "quase narrativa".[70] Há evidentemente a celebração de bodas, mas esta não se dá por conta de uma estrutura gestual típica de um evento social desta natureza, todos os

---

67. Bacon *apud* Sylvester, David. *Entrevistas com Francis Bacon. A brutalidade dos fatos*. São Paulo: Cosac Naify, 1995, p. 22.
68. Deleuze, G. *Francis Bacon: lógica da sensação*. São Paulo: Jorge Zahar Editor, 2007, p. 67.
69. Ibidem, p. 69.
70. Bogéa, I. "Passado futuro", op. cit., p. 98.

elementos que compõem a cena, em especial as estruturas coreográficas dançadas de forma coletiva são estilizadas. Os movimentos com peso e acentos fortes, os punhos fechados e a movimentação dos dançarinos uníssonos em várias situações de agrupamento reforçam o caráter ritualístico da cerimônia, inspirada em eventos similares da cultura popular russa pré-soviética sem, no entanto, valer-se de uma mera reprodução do ocorrido. *Les noces* combina semelhança e reflexão, modos de representação que encarnam não uma celebração primitiva festiva e alegre, mas uma poderosa abstração das forças sociais decorrentes da Revolução Russa.[71] A ideia de Stravinsky, ao compor a música em 1912, não era a de dramatizar uma cerimônia de bodas, mas realizar por meio desta uma destilação do rico material folclórico sociorreligioso russo.[72] Assim como Stravinsky, Nijinska entendia a cena de casamento como uma abstração através da redução, de forma que a coreografia "fale" somente pelo movimento, renunciando à pantomima, ferramenta expressiva que o balé utilizava frequentemente.[73] Gestos abstratos seriam desprovidos de sentido definido, "traduzível na linguagem articulada: nem por isso são menos percebidos como se possuíssem sentido".[74]

Cito ainda outras duas montagens do repertório, *Entreato*, de Paulo Caldas, e *Polígono*, de Alessio Silvestrin, como exemplos de obras que exibem a reflexibilidade como modelo representacional. O interesse de Caldas por uma "dramaturgia do físico e pelo abstrato na dança",[75] já demonstrado

---

71. Banes, Sally. *Dancing women. Female bodies on stage.* New York: Routledge, 1998, p. 108.
72. *Apud* Banes, S., op. cit., p. 108.
73. Nijinska declarou:"[...] A pantomima é uma estranha para mim e eu não a tenho usado para propósitos da cena."*Apud* Banes, op. cit., p. 111.
74. Gil, J. *Movimento total*, op. cit., p. 104.
75. Siqueira, Denise. *Corpo, comunicação e cultura.* Campinas: Editores Associados, 2006, p. 149.

em outras criações, permanece em *Entreato*. A estrutura contemporânea espiralada e móvel dos movimentos dançados apresenta um acabamento anacrônico nas terminações dos membros superiores, com mãos que mimetizam *Hasta Mudras* de danças clássicas indianas, enquanto uma imagem projetada no telão ao fundo apresenta uma bailarina clássica ocidental com *tutu* filmada de cima, girando compulsivamente em seu próprio eixo. O significado de cada *Mudra* é des-semantizado, providenciando um deslocamento que potencializa sobremaneira a escritura coreográfica refinada de Paulo Caldas. Assistimos a uma transliteração de formas manuais que vigorizam as linhas precisas dos braços e demais espaços corporais dos intérpretes, quase como hieróglifos que não somos capazes de desvendar, mas que nem por isso cessamos de apreender. Tudo o que em mim sente está pensando, diria Fernando Pessoa.

Assim como *Entreato*, *Polígono* também nos envolve com uma movimentação sinuosa e exponencial, lembrando-nos do que pode um corpo que dança. As dinâmicas que emergem de torções da região do tronco proporcionam oposições entre as várias partes do corpo, as tais articulações inteligentes de que fala Simone Forti. São tantas as informações que *Polígono* articula ao tecer e des-tecer o tempo e o espaço, que prescinde de qualquer tentativa de estabelecer uma narrativa. Entretanto, como vaticinou Francis Bacon, afinal, "entre duas figuras, sempre uma história se insinua, ou tende a insinuar-se, para animar o conjunto ilustrado".[76] Ávido por ordenar sua percepção em torno do conhecimento e do conhecido, o espectador atribuirá sempre um sentido, ainda que fugaz, compatível com sua experiência de vida e seu repertório artístico. Cabe ao artista abrir generosamente um espaço para as operações inevitáveis do imaginário do outro.

---

76. Bacon, F. *apud* Sylvester, D., op. cit., p. 22.

COREOGRAFIA DE GEORGE BALANCHINE, © 2008 THE GEORGE BALANCHINE TRUST

Oferenda textual:
seis movimentos para a São Paulo Companhia de Dança

Francisco Bosco

Aquecimento

Ao receber o convite para escrever um texto sobre o trabalho da São Paulo Companhia de Dança, minha primeira reação foi de recusa: não conhecendo senão precariamente a história da dança, não disponho dos instrumentos habituais de que me sirvo para escrever: ignoro em grande parte as discussões teóricas sobre a dança enquanto linguagem, não possuo uma visão minimamente detalhada do desenvolvimento do clássico ao contemporâneo, nunca aprofundei um olhar sobre os coreógrafos de que mais gosto – em suma, a dança nunca se colocou para mim como uma *questão* (uma questão, não custa lembrar, é diferente de uma pergunta: a questão é o estado filosófico da pergunta).

Por outro lado, objetei internamente (e imediatamente a recusa se transformou em hesitação), estar fundado com solidez em uma discursividade não é uma característica do meu trabalho. Sou fundamentalmente um semiólogo, mas "semiologia" e "fundamento" são duas palavras que se combinam mal. A semiologia se define por uma negatividade: egressa da linguística, ela não tem uma rede conceitual que se desdobra numa tradição, e sequer tem um objeto; ela é a ciência do signo, mas tudo pode ser potencialmente um signo, logo seu objeto é potencialmente tudo, qualquer coisa. Entretanto, os objetos que minha escrita elege participam sempre de contextos discursivos em que disponho de instrumentos com que compor uma visão: a cultura, a literatura, a canção, alguma história, alguma sociologia, a existência. A dança, em princípio, é para mim um objeto sem contexto, ou em contexto frágil, insuficiente. Com isso, o pêndulo voltava a tender à recusa. Entende-se de passagem a questão da encomenda artística: é uma tolice pensá-la em termos de inspiração, de uma interioridade (fonte de uma suposta autenticidade da arte) com que ela, vinda de fora, do outro, não contaria – o verdadeiro problema que uma encomenda coloca é o fato de ela não garantir um *encontro*. O encontro, noção deleuziana, é o momento de surgimento da possibilidade de escrever, uma espécie de vislumbre de transfiguração do objeto, o entremostrar-se de uma ideia (que terá de ser, segundo Deleuze, amadurecida, composta por diversos horizontes, para então produzir, do vislumbre, a visão).

Sem encontro (e o encontro é desde já um encontro em contexto propiciador), sem os instrumentos que habitualmente favorecem o encontro – em que fundar um sim? (É uma situação, diga-se, semelhante à dos noivos de *Les noces*, prestes a casarem-se com um absoluto desconhecido.) Direi adiante. Mas antes quero ainda insistir na dimensão problemática, desencorajadora do convite, pois é de uma reflexão sobre ela que ressairá a proposta deste texto.

A consequência mais corriqueira de uma tal encomenda, feita a alguém de fora, é a produção de um texto *impressionista*, para se usar o termo com que se designava por exemplo certa crítica literária de fins do século XIX, anterior portanto à revolução materialista que explodiu no século XX, dos formalistas aos estruturalistas. Desamparado do saber, o estrangeiro entrega-se às suas impressões sobre algo. Ocorre que essa prática mal pode ser chamada, com rigor, de crítica. Barthes dizia que só o leitor pode desejar a obra: o crítico deve desejar sua própria escrita. Isso significa que a passagem do leitor ao crítico implica uma autonomia do texto crítico em relação à obra, à qual, contudo, obviamente ao mesmo tempo ele permanece vinculado, iluminando-a, transfigurando-a. O impressionismo não passa de um reflexo evanescente da obra, não chegando a formar uma visão. É esgarçado em sua economia de sentido, é flácido, em uma palavra, preguiçoso (nada contra a preguiça, mas, justamente, é preciso preservar a preguiça, mantendo-a afastada do trabalho). Finalmente, o lugar que o impressionismo designa a seu leitor é o de um *voyeur*. Mas os escopofílicos inveterados não têm por que se animar: trata-se de um voyeurismo decepcionante, não tem nada interessante acontecendo através do buraco da fechadura.

Então, o que fazer?

A única saída que me ocorreu foi uma espécie de inversão do sentido: ao invés de partir de dentro (da linguagem da dança) para fora (extraindo dela sentidos), partir de fora (dos diversos horizontes discursivos que me propiciam a produção de um sentido mais retesado e dinâmico) para dentro (orientando esses contextos diversos para a formulação de questões relativas à dança e ao trabalho, específico, da São Paulo Companhia de Dança). Um pouco à maneira como procedeu Vadim Nikitin em seu belo ensaio para o primeiro livro sobre a Companhia ("Uvas nas sapatilhas"),[77] sem, contudo, o repertório crítico, teórico, histórico e poético que ele pôde mobilizar sobre a dança (sente-se que foi em boa parte um repertório mobilizado *ad hoc*, que não se trata de um texto de dentro da linguagem da dança), para não falar da elegância da execução.

Terminado esse preâmbulo, essa justificação do método ou, para ficarmos nas metáforas do campo, esse aquecimento (ou ainda, essa afinação da orquestra, como destaca Marcelo Coelho em seu texto também para o primeiro livro sobre a Companhia), passemos às questões, propriamente. Elas são o melhor (o que não significa que sejam boas) que posso oferecer

---

77. Nikitin, Vadim. "Uvas nas sapatilhas". In: Bogéa, I. (org.)., op. cit.

à Companhia e a seu público leitor; a minha resposta possível à visão tão coruscante (para usar o epíteto da Athiktê de Valéry[78]) quanto ofuscante, tão reveladora quanto, para a minha linguagem, opaca e não desdobrável.

1. Sistema da dança

Posso agora dizer o que mais me motivou a aceitar o convite de escrever sobre (ou para) a Companhia. É que, mesmo antes de assistir ao primeiro espetáculo, já pude compreender que se tratava de um projeto, o da Companhia, que tem para mim um significado inspirador e exemplar. No meu entender, as maiores realizações artísticas, culturais (e de que esperamos um correlato civilizatório à altura) do Brasil são aquelas capazes de reunir competência e originalidade. Não fazer da singularidade de nossa formação, de suas mazelas, um álibi, mas tampouco um trauma. Sermos capazes de partir dela, de assumi-la (pois nela reside a singularidade e as virtudes que lhe são próprias), mas em perspectiva modernizante, em diálogo internacional e contemporâneo, e com exigência de rigor. Assim o fizeram, por exemplo, Machado de Assis, os grandes jogadores e equipes de nosso futebol, Guimarães Rosa, a bossa-nova, o tropicalismo, entre muitos outros.

Pois bem, parece-me que a tarefa de que se incumbiu a Companhia foi a de radicalizar, levando-a a um ponto incomum no Brasil, a competência, com um propósito bem definido. Pois em que se reconhece a competência senão em uma espécie de *totalidade*, de emprego simultâneo de múltiplos e complementares esforços, todos eles realizados de modo excelente? Como se sabe, a Companhia realiza ao mesmo tempo um trabalho de memória, que se destina à consolidação e disseminação de uma tradição da dança brasileira (por meio da série de DVDs intitulada *Figuras da dança*); de reencenação, tão rigorosa quanto possível, do repertório canônico da dança

---

[78]. Valéry, P. *A alma e a dança – e outros diálogos*, op. cit.

ocidental, do clássico ao moderno e contemporâneo (a fim de firmar as balizas da tradição de sua linguagem junto a todas as instâncias – criadores e público, por sua vez leigo e especializado – da dança no Brasil); de produção de obras exclusivas (desdobramento consequente e inventivo de seu trabalho junto à tradição); de formação de público (por meio de ensaios abertos, atividades com professores etc.); de formação de bailarinos (que têm contatos com novas técnicas, novas obras, novas reflexões, todo um campo, em suma, de possibilidades até então desconhecidas); e, como no caso presente, de reflexão crítica e/ou teórica sobre a dança.

Tudo isso forma como que um *sistema da dança*, exatamente no mesmo sentido em que Antonio Candido falava de um "sistema literário" (essa noção tão incompreendida por boa parte dos críticos da *Formação da literatura brasileira*[79]). Para Candido, só se pode falar de um verdadeiro sistema literário quando, entre outros aspectos, se forma uma tradição literária própria: "A literatura amadurece quando é possível a um escritor reportar-se, para elaborar a sua linguagem e os seus temas, ao exemplo de escritores precedentes do seu país".[80] De forma análoga, uma das tarefas que se colocou a Companhia foi a de fortalecer essa tradição, registrando o trabalho de algumas de suas principais figuras, ao mesmo tempo em que contribui, com obras novas, para a expansão dessa mesma tradição. Sendo suas outras incumbências aquelas de formar um público, aguçar-lhe o juízo, elevar o nível técnico dos bailarinos etc., galvanizando, em grande intensidade, o sistema da dança brasileiro (que, corrijam-me se eu estiver errado, já apresenta criadores e criações originais, talvez mesmo uma gramática corporal própria, mas carece de certa organicidade).

---

79. Ver Candido, Antonio. *Formação da literatura brasileira (momentos decisivos)*. São Paulo: Martins Fontes, 1964.

80. Entrevista de Antonio Candido, concedida ao jornal *Zero Hora*, em 24 de outubro de 2009.

2. Graça e liberdade

Gostaria agora de colocar uma questão para bailarinos, coreógrafos e pensadores da dança. Essa questão pode começar pela seguinte pergunta: onde reside a liberdade na experiência do bailarino ao dançar? Formulemos a questão.

É certo que, de saída, um corpo que dança é um corpo livre do regime utilitário que subordina os movimentos a uma finalidade qualquer, alienando-os. Essa é uma das características da *graça* para Bergson, que nela vê a "interrupção da relação laboriosa com o mundo, suspensão imaginária do reino da necessidade e da inércia".[81] Em outras palavras, segundo um seu comentador, Eduardo Socha,

> a simplicidade do movimento reside em sua aparente carência teleológica: a opção pelas curvas e pelo deslocamento ondulante do gesto, em detrimento à opção pelo ato brusco, retilíneo e eficaz, confirmam o afastamento do espírito em relação a qualquer funcionalidade do movimento engendrado. Ao contrário, o gesto funcional impõe uma certa economia de movimento para que se possa cumprir com eficácia a finalidade que lhe é exterior.[82]

É possivelmente daí que vem a conhecida comparação de Valéry entre a poesia e a dança, ambas intransitivas e desalienantes, aquela da linguagem, esta do corpo.[83]

---

81. *Apud* Socha, Eduardo. *Bergsonismo musical. O tempo em Bergson e a noção de forma aberta em Debussy.* São Paulo: Dissertação de Mestrado – FFLCH, Departamento de Filosofia, USP, 2009.
82. Ibidem, 122.
83. Ver Valéry, P. "Poesia e pensamento abstrato". In: Valéry, P. *Variedades.* São Paulo: Iluminuras, 1999.

Entretanto, uma não menos conhecida e fundamental definição da graça vem do filósofo Edmund Burke, em sua extraordinária *Philosophical enquiry into the origin of our ideas about the sublime and the beautiful*: "To be graceful, it is requisite that there be no appearance of difficulty" ("Para ser gracioso, é preciso não haver aparência de dificuldade").[84] A graça ressai da aparência de facilidade, de não esforço, de leveza. Mas, note-se bem, Burke fala da "aparência" da facilidade. O balé clássico é conhecido por sua dialética de graça e gravidade, de ascese e leveza, onde as delicadas sapatilhas escondem pés quase tão macerados quanto os pés de lótus das antigas mulheres chinesas. Do mesmo modo procede a música dita clássica. E aqui já se pode anunciar um primeiro aspecto da questão: a graça depende necessariamente da gravidade? Haverá graça fora dessa dialética? No documentário de João Moreira Salles sobre Nelson Freire, há uma cena em que o grande pianista brasileiro está assistindo, deliciado, à *performance* de um pianista de *jazz* pela televisão. Diante da evidente admiração de Freire pelo jazzista, Salles lhe pergunta: "Você é feliz tocando?".[85] A (não)resposta de Freire, que apenas assume uma fisionomia suspensiva, talvez indique a impossibilidade de se responder à questão. Toda a parte contrita da dialética desaparece no momento da execução, dando lugar exclusivamente à graça, como se dá (será?) aos olhos do espectador? Toda liberdade existe em função de uma ascese? Ou existe uma graça pura, não dialética, totalmente espontânea? A resposta pode estar escondida – ou evidente – no videoclipe em que Michael Jackson dança, sob um globo de luz estilo disco, ao som de "Rock with you".

---

84. Burke, Edmund. *A philosophical enquiry into the origin of our ideas about the sublime and the beautiful*. London: University of Notre Dame Press, 1968, p. 119.

85. Ver o documentário *Nelson Freire*, de João Moreira Salles. VideoFilmes, 2003.

3. Corpo e liberdade

Mas receio que esse caminho tenha nos conduzido a uma aporia. Tomemos outro, que me parece mais fecundo.

Barthes nos oferece uma definição interessante de *corpo*. Para ele, o corpo é aquilo que há de mais irredutível e singular em um sujeito. Na arte, toda grande obra é obra de um corpo, isto é, de um conjunto singular de obsessões, fantasias, pulsões, que formam o que habitualmente chamamos de *estilo*. Contrariamente, o discurso da ciência, por exemplo, é um discurso sem corpo, discurso da objetividade, assim como o discurso do poder, fundado em palavras de ordem repetidas, em significados uniformes, mas também as tentativas formais da arte que não ultrapassam o estágio do clichê, do estereótipo, não atingem uma singularidade, uma diferença. Para o artista, talvez se possa dizer que sua liberdade reside na plena assunção desse corpo, na transformação do sintoma em estilo (a partir de certo momento, a obra de Barthes passa a ser uma reivindicação veemente dessa mesma liberdade para o discurso teórico, então submetido ao recalque do corpo, território exclusivo da arte).

Pois bem, pergunto: num balé coletivo, em que o efeito de uniformidade é importante, ou mesmo ao executar os movimentos transmitidos por um coreógrafo, onde reside a liberdade, o corpo, no sentido acima, do bailarino? O bailarino reinterpreta, segundo seu próprio corpo, o corpo do coreógrafo? Ou só o coreógrafo almeja a criação de um corpo (sendo, paradoxalmente, o único que – muitas vezes – não dança)?

4. O neutro, o transitivo e o intransitivo

Assistindo aos espetáculos da Companhia, noto que os bailarinos geralmente adotam um semblante neutro, o mais destituído possível de qualquer significação. Mas, eventualmente, os bailarinos sorriem e, em alguns momentos, interpretam com o rosto passagens da coreografia, fazendo dele uma dimensão semântica que ora significa perplexidade, ora outras sensações e afetos menos determinados, mais híbridos e obscuros, talvez, mas que, de todo modo, produzem sempre um duplo semântico do corpo.

É o caso então de se perguntar: há, por parte de bailarinos e coreógrafos, um pensamento sobre o semblante na dança? Trata-se de uma questão importante, por sua consequência estética.

Pode-se estabelecer uma tipologia segundo a qual haveria três tipos de rostos na dança: o *neutro*, o *transitivo* e o *intransitivo*. O neutro é uma impessoalidade ideal, que anula a potencialidade semântica do rosto em prol da expressão exclusiva do corpo que dança. Ele é análogo, na leitura em voz alta de um poema, à adoção de uma fala estritamente não interpretativa, não-dramática, de cuja transparência absoluta ressaem, tais e quais, os sentidos do escrito.

O seu oposto é o semblante transitivo, isto é, que diz alguma coisa, desse modo se projetando, qual uma sombra, como um duplo semântico, imaterial do corpo que dança. Prosseguindo na comparação anterior, na leitura em voz alta de um poema essa modalidade transitiva é aquela, por excelência, dos atores (e por essa razão os atores são os piores leitores de poesia do mundo). Em um caso como no outro, na dança como na poesia, a interpretação é um esvaziamento estético, pois determina, reduzindo-a, uma pluralidade indefinida (ou mesmo uma recusa ao semântico, no caso da dança), e o faz por uma espécie de duplicação, que portanto dispersa o antes concentrado no único (do corpo, do escrito). Esse duplo é um *visco*, algo que cola, gruda – e provoca, em mim pelo menos, a experiência do enjoo estético.

Há ainda, finalmente, o rosto intransitivo. Este é o rosto que, permitindo-se tornar expressão, expressa uma sensação ou afeto que contudo não se quer semântico. É, por exemplo, o que os cubanos chamam, nos dançarinos de salsa, de *gozadera*, e que também se manifesta na fisionomia, em geral, dos sambistas: um sorriso que não quer *significar* que sorri, não é um duplo semântico, mas a extensão do corpo na face, o rosto tornado também movimento, e expressando tão somente a alegria da realização de uma potência, sua pura intransitividade, que nada significa, nada duplica, nada comenta. Poder-se-ia objetar que, às vezes, um sambista adota um rosto que significa, por exemplo, a malandragem, ou o *ethos* do samba; sim, mas isso é outra coisa, é o rosto como teatrinho tolo, transitivo, como disse acima. O rosto intransitivo é da ordem do que Arthur Omar flagrou e nomeou, em sua série de retratos, como *Antropologia da face gloriosa*,[86] sendo a glória, aqui, desprovida de moral: é a glória do êxtase, da intransividade, da alegria irracional, da comunhão com o movimento, da experiência de ter seu corpo transformado em sentido, sentido sem sentido. Aqui cessa a comparação com a poesia, condenada que essa está ao semântico (e procurar escapar dessa condenação é ainda pior), isto é, à transformação do real em realidade, à transitivação, se posso dizer assim, da experiência humana.

5. Dois sem duplo

Inês Bogéa cita, em seu texto "Passado futuro",[87] duas frases, respectivamente de Nijinska e Balanchine: "Eu ouço a música com os olhos", conta aquela, "Veja a música e ouça a dança", defende este. É claro que não estamos aqui no âmbito de nenhuma sinestesia romântica, induzida por ópio ou absinto, tampouco no campo das *correspondances* baudelairianas. Essas frases se situam antes no centro de uma teoria da linguagem da dança.

A linguagem verbal é o lugar, por excelência, do símbolo. O semântico é sua potência maior, sua vocação (que silencia o real, ao intentar comunicá-lo: o resultado disso é a realidade). Por isso a literatura é desde

---

86. Omar, Arthur. *Antropologia da face gloriosa*. São Paulo: Cosac Naify, 1997.
87. Bogéa, I. "Passado futuro", op. cit.

sempre um duplo do mundo, desde que se compreenda que o original é inacessível à linguagem: como diria Artaud, o sujeito falante, *le parlant*, é um sujeito partido, *le partant*. Essa fraqueza propriamente trágica da palavra é aquela que tem o poder maior, miraculoso e constitutivo da humanidade, de fundar a realidade. A realidade, a literatura tem o poder de penetrá-la, de iluminar suas relações invisíveis, suas estruturas, como nenhuma outra linguagem é capaz. Na poesia, com sua experiência isomórfica do sentido, talvez se abram vislumbres do real, entremostre-se a "máquina do mundo" de que falava Drummond[88] (que não se confunde com o mecanismo da realidade); a poesia, como disse outro poeta, é uma entrada no ser por artes de ritmo e imagem.

Para prosseguir nessa brevíssima, um pouco irresponsável e um tanto anacrônica comparação entre as artes, pode-se dizer, da música, que ela é, ao contrário da palavra, das artes a que tem a relação mais próxima com o real, com o imediato. A música apresenta uma resistência intransponível ao símbolo. É claro que todo ouvinte pode traduzir a música em termos de afetos reconhecidos e transportá-los, assim, para a linguagem verbal; mas a experiência em jogo permanece sendo, num primeiro momento, a de um imediato. É por isso, no meu entender, que Nietzsche dizia que "a vida sem a música seria um erro":[89] é que a música é da ordem do real, e o real não erra – o erro é da ordem da realidade, a realidade da ordem da palavra, e a palavra é constitutivamente errada (como diz o Erixímaco de Valéry – a que voltarei adiante: "A razão, por vezes, me parece ser a faculdade que nossa alma tem de nada entender de nosso corpo"[90]).

---

88. Refiro-me ao poema de Drummond, "A máquina do mundo", publicado no livro *Claro enigma*, em 1951.
89. Nietzsche, Friedrich. *Crepúsculo dos ídolos*. Rio de Janeiro: Relume Dumará, 2000, p. 14.
90. Valéry, P. *A alma e a dança – e outros diálogos*, op. cit., p. 45.

Já a linguagem do corpo talvez seja, junto à pintura, a mais ambígua e ambivalente de todas. Assim como a pintura detém a potência de "representar" a realidade (o que fez até fins do século XIX) e criar para si uma outra linguagem não-representativa, como na aventura do século XX, as artes do corpo abarcam os extremos da pantomima (o corpo transformado em duplo da realidade) até a dança, concebida, para usar uma frase de Inês Bogéa a propósito de *Serenade*, como irredutivelmente "a exploração do espaço pelos corpos em movimento".[91]

Há certamente toda uma teoria da dança que desconheço quase totalmente, mas a ignorância às vezes pode prestar contribuições por sua ignorância mesma (Goethe dizia, a propósito, que só o conhecimento insuficiente é criativo – mas haverá conhecimento *suficiente*?). Isso autoriza, ao menos nesse espaço, que eu arrisque uma formulação. A dança, quando com música, é uma arte que mobiliza duas linguagens; a questão é: qual a relação entre essas linguagens?

Parece-me que pode haver relações diversas dependendo da concepção de dança em jogo (e de sua atualização cênica), mas quero aqui pensar a relação que se estabelece nas frases citadas mais acima de Nijinska e Balanchine. Ver a música e ouvir a dança indicam uma relação que não se verifica em nenhuma outra linguagem composta. Na canção, por exemplo, música e letra formam um todo estrutural em que se iluminam e, de certo modo, traduzem reciprocamente. São dois que formam um. Seu sentido final é um só e resulta do entrelaçamento nevrálgico das duas séries. Mas, na dança, a música é o movimento do corpo tornado som, o imediato sonoro tornado movimento do corpo. Não é propriamente uma relação, mas antes uma espécie de encarnação (da música pelo corpo) ou, conversivelmente, de musicalização (do corpo pelos sons). É, na verdade, o um manifestado em dois.

---

91. Bogéa, I. "Passado futuro", op. cit.

São dois sem duplo. Talvez aí esteja a potência maior da dança, no sentido de atualizar aquela que seria sua maior – porque singular, única, exclusiva – vocação. Ao contrário, o ingresso, na dança, da dimensão semântica sempre me soa como a aproximação de uma doença, de uma fraqueza, de uma *decadência*, para usar a palavra nietzscheana.

6. O ser da dança, o ser das coisas

Nesse último tópico nos acercamos do ser da dança. Imediatamente tenho vontade de fazer uma leitura detalhada do maravilhoso diálogo de Valéry, *A alma e a dança*. Mas tal tarefa seria longa, e esse texto já extrapola os limites que lhe foram requisitados. Gostaria então, para terminar, apenas de fazer justiça à posição do ingênuo Fedro, no meu entender incompreendido pelo douto Erixímaco. Este último, diante das manifestações de Fedro, conclui que ele "quer, a todo custo, que ela [a dança] represente alguma coisa". Suas posições seriam portanto opostas, já que Erixímaco concebe a dança como arte intransitiva: "Pensas que ela [a bailarina Atikhtê] saiba alguma coisa sobre isso? E que se orgulhe de engendrar outros prodígios além de levantar bem alto os pés, dar batidas e entrechats duramente aprendidos durante seu treinamento?".[92]

Mas a perspectiva de Fedro não é tão simples. Para ele, a dança não representa coisa alguma, e sim revela o âmago de alguma coisa (o que a palavra "representação", por sua vez, não contempla). Em seu melhor momento, a fala de Fedro é um primor de sutileza:

Há pouco, por exemplo, a Atikhtê me parecia representar o amor. – Que amor? – Não este, não aquele; e não alguma miserável aventura! – Por certo, ela não fazia a personagem de uma amante... Nada de mímica, nenhum

---

[92]. Valéry, P. *A alma e a dança – e outros diálogos*, op. cit., pp. 47 e 44, respectivamente.

teatro! Não! Não! Nenhuma ficção! Por que fingir, amigos, quando se dispõe do movimento e da medida, que são o que há de real dentro do real?... Ela era então *o ser mesmo do amor!*[93]

Fedro aqui assume rigorosamente a mesma perspectiva dos grandes teóricos do realismo em literatura. Para estes, a literatura realista não é aquela que descreve, em exatidão de detalhes referenciais, uma determinada realidade, mas sim a que, a despeito da precisão documental, podendo mesmo prescindir parcial ou até integralmente de referenciais, ilumina as relações invisíveis que estruturam uma sociedade, isto é, sua realidade. É por isso que mesmo um romance como *O processo*, de Kafka, radicalmente indeterminado, pode ser considerado realista. É também por isso que, como argumenta Antonio Candido, Manuel Antonio de Almeida, tendo suprimido de seu clássico simplesmente todos os negros escravos do Brasil oitocentista, e tendo igualmente suprimido a classe dirigente, conseguiu captar e descrever as leis invisíveis que organizavam aquela realidade, em sua complexidade essencial.[94] Do mesmo modo, para Fedro a bailarina Atikhtê nada representa com sua dança, mas por meio dela pode dar a ver *o ser das coisas*.

Não é isso o que acontece, por exemplo, em *Les noces*? Não se trata, ali, de dar a ver a experiência do noivado numa sociedade tradicional? Que imagem mais contundente (cuja experiência nenhuma palavra pode oferecer) da sociedade tradicional pode haver que não sejam aquelas cabeças empilhadas, encaixadas, intrincadas? Do mesmo modo, quando os homens se abaixam e engendram um movimento que parece representar uma carruagem a transportar a noiva – que digo, não parece coisa alguma,

---

93. Ibidem, p. 46 [grifo meu].
94. Ver, a propósito, não apenas o clássico ensaio "Dialética da malandragem", mas também o prefácio do mesmo livro, *O discurso e a cidade* (São Paulo: Duas Cidades, 1998), em que se encontra esse ensaio.

nem representa coisa alguma, mas é o ser mesmo da carruagem que é dado a ver: sua força, seu movimento, seu peso, sua massa. Mesmo em *Serenade*, que, como atestam as declarações de Balanchine, é uma dança pura, radicalmente intransitiva, pura emanação da música, não se pode dizer que a cena final – a bailarina alçada, de braços abertos, ascendendo como que ao céu –, que aquela seja a impossível imagem da transcendência, o milagre da materialização da transcendência, o ser, finalmente, da transcendência?

Tudo isso nos lembra que a arte, toda arte, é uma *visão*. Mesmo quando parece o contrário, quando parece que se trata do visto. Mas os retratos de Ticiano são excepcionais, são verdadeiras visões, pela dimensão moral que revelam de seus retratados, e não pela exatidão representativa de sua técnica (que apenas serve à sua visão). Toda arte é visão – e ver é necessariamente ver, no visível, o invisível, e torná-lo visível.

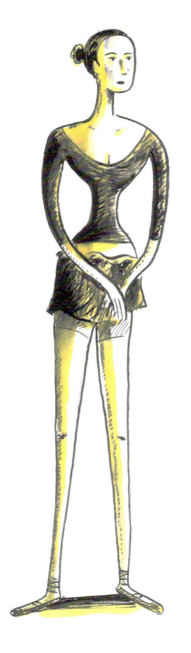

DIÁRIO ILUSTRADO

DURANTE UMA SEMANA ASSISTI, EM TODAS AS MANHÃS, AOS ENSAIOS DE ALGUMAS DAS COREOGRAFIAS DE 2009 DA SÃO PAULO COMPANHIA DE DANÇA.

AQUI ESTÃO ALGUNS DESENHOS FEITOS NESSES – ACIMA DE TUDO, **EMOCIONANTES** ENSAIOS.

CACO GALHARDO

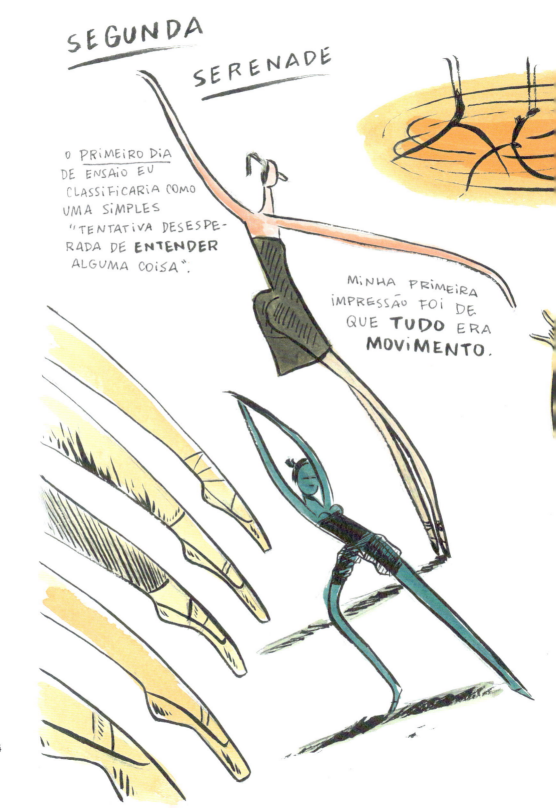

TERÇA

TCHAI PAS

NO SEGUNDO DIA PERCEBI, DE IMEDIATO QUE **NEM TUDO** ERA MOVIMENTO.

ENSAIO É DESENHO.

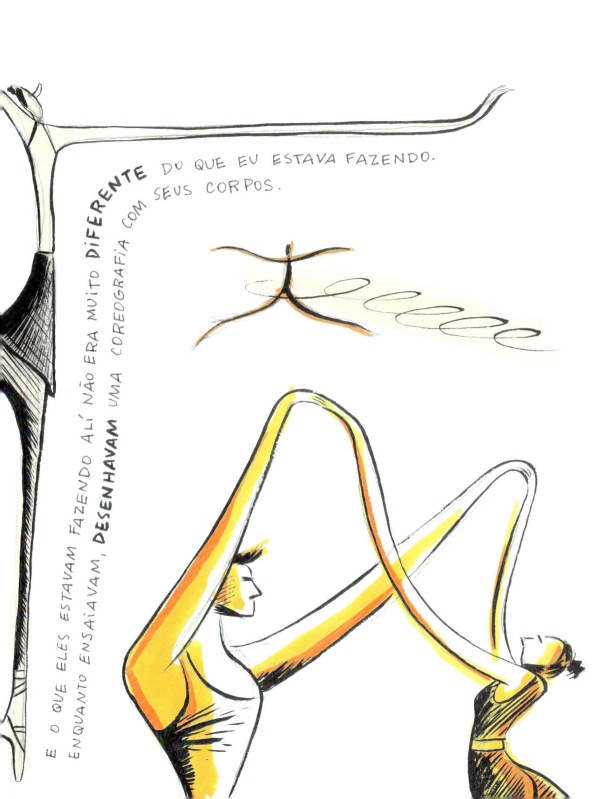

QUARTA

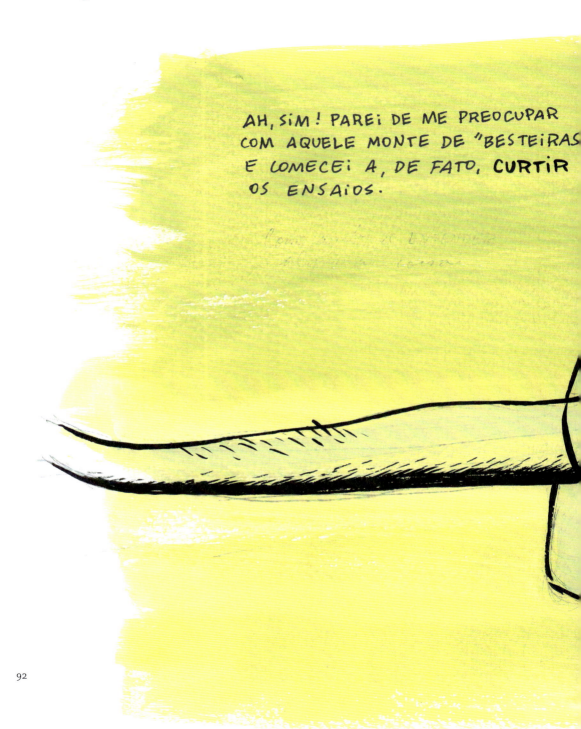

AH, SIM! PAREI DE ME PREOCUPAR COM AQUELE MONTE DE "BESTEIRAS" E COMECEI A, DE FATO, **CURTIR** OS ENSAIOS.

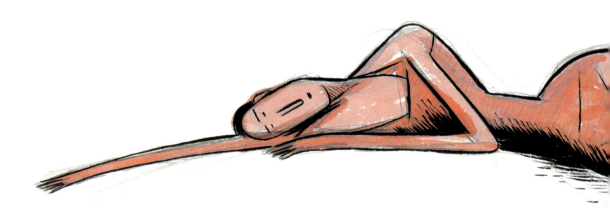

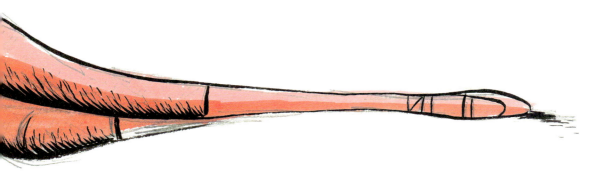

SERENADE

QUINTA

POLÍGONO

GALHARDO

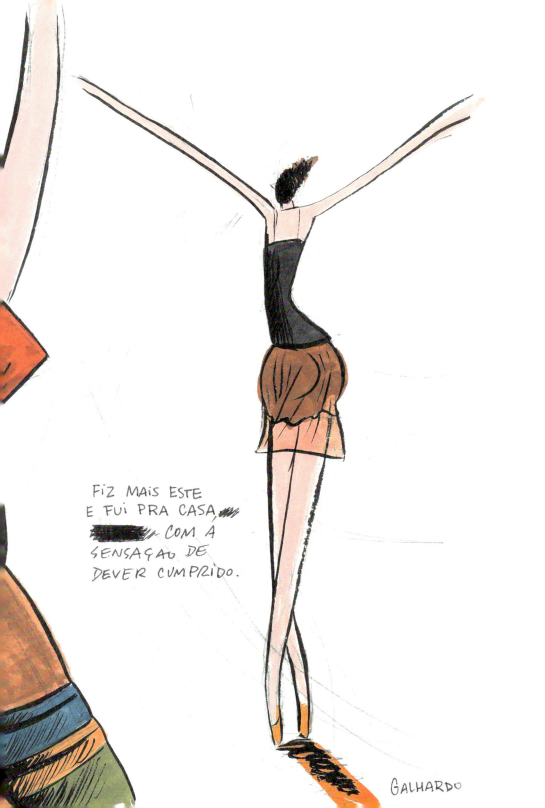

Repertório em movimento
Inês Bogéa

O palco é um espaço poroso, um território próprio que se nutre da dinâmica de cada espetáculo. Se ao longo do tempo a dança criou estéticas, cristalizou imagens, dialogou com a política e a sociedade de sua época, também foi deixando marcas nos corpos. Cada nova geração questionou ou seguiu a anterior numa construção coletiva através do tempo, até chegar às várias formas de dança que hoje temos. Mesmo partindo de movimentos diferentes, há um fio comum que liga todo este universo: sempre a capacidade humana de tirar proveito das forças e dos elementos do movimento, para criar modos de experimentar o mundo.

A São Paulo Companhia de Dança é uma companhia de repertório; isto é, seu repertório abarca desde coreografias de referência da dança até obras inéditas criadas por diferentes artistas especificamente para ela. Há nessa proposta uma procura de mapear a história da arte em que nos movemos hoje, sem se fixar numa única linha, e sim acentuando as relações e intervalos. A São Paulo é jovem e pouco a pouco vai construindo seu repertório, a cada criação embarca numa aposta e aceita surpresas, a cada remontagem a experiência dessa dança por novos intérpretes cria novos significados. Um diálogo incessante, nas realidades da dança.

Este texto parte da vivência íntima com o repertório da São Paulo. Aponta relações entre as suas obras vistas por dentro em contato com os criadores e remontadores que participaram do processo de cada uma das coreografias. Nos seus dois primeiros anos, a Companhia produziu quatro remontagens – *Serenade* (1935), *Tchaikovsky pas de deux* (1960), *Les noces* (1924) e *Gnawa* (2005) – e quatro criações – *Polígono* (2008), *Entreato* (2008), *Passanoite* (2009) e *Ballo* (2009).

Serenade e *Tchaikovsky pas de deux* têm coreografia do mestre George Balanchine (1904-1983) com música de Pyotr Ilyich Tchaikovsky (1840-1893). *Serenade* é um exemplo marcante do estilo neoclássico: a ocupação do espaço pelo movimento das bailarinas cria a sensação de ondas infinitas, para em seguida adquirir um equilíbrio suave, fazendo ecoar os gestos pelos corpos. Já *Tchaikovsky pas de deux* é um grande duo clássico, que desafia os intérpretes pelo apuro técnico e ao mesmo tempo traz para a cena um casal moderno, provocando instabilidades até retomar seu eixo.

Ballo, criação de Ricardo Scheir com música de André Mehmari e direção de arte de Marcio Aurelio, tinge a cena com cores fortes e veladuras, define uma origem e depois ganha força na transformação e na repetição dos gestos. E *Passanoite*, de Daniela Cardim com música de compositores brasileiros, desenha o palco com graça, deixando ver o espaço pelo movimento de linhas leves e soltas. Ambas partem da dança clássica e criam outros vínculos com ela.

A histórica *Les noces*, de Bronislava Nijinska (1891-1972), com música de Igor Stravinsky (1882-1971), e a recente *Gnawa*, de Nacho Duato, com música de tribos muçulmanas do norte da África, são dois rituais em tempos distintos. A primeira encena o casamento de camponeses da Rússia antiga; a outra, um ritual africano, relacionado à fusão do corpo com o universo. Ambas se nutrem da força da dança em grupo e da relação com a terra, onde o corpo se dobra sobre si e deixa ver a emoção. Também se nutrem da força da música, sua potência vibrando no corpo de quem vê. *Les noces* usa a técnica de pontas, mas procura certa naturalidade da dança popular no movimento das mãos unidas e na soltura dos pés quando saltam. Os grupos formam grandes desenhos no palco: um corpo se sobrepõe ao outro revelando formas geométricas (triângulos, pirâmides, linhas e círculos). O ritmo da música de Stravinsky impõe modernidade na relação entre dança e música, pela assimetria dos compassos. *Gnawa*, por sua vez, desenha o espaço a partir do movimento das mãos, conecta e desperta a terra pela percussão dos pés e introduz um manejo do espaço pelos movimentos amplos do tronco e da coluna. O grupo ali se entrelaça e forma um só corpo na cena.

Entreato, de Paulo Caldas, com música de Sacha Amback, e *Polígono*, de Alessio Silvestrin, com a música *Oferenda musical* de Bach, revista pelo Het Collectief, nos chamam para outra vertente da dança. Aqui o passado e o presente se relacionam em tempos distintos. Em *Entreato* quatro bailarinos dançam com gestos minimalistas, precisos, cortados que remetem à linguagem do dia a dia: caminhadas, movimentos da cabeça, dos olhos, e das mãos; no ciclorama (tela ao fundo da cena) gira incessantemente uma bailarina de *tutu*, seu corpo é o eixo do tempo. A dança revela sua intensidade no desdobramento dos movimentos ecoado no corpo dos quatro intérpretes que marcam densidades, criam espessuras, riscando o espaço em direções diversas. *Polígono* desenha os limites dos movimentos para ultrapassá-los, nos mostra infinitos ângulos por trás dos gestos revelando diferentes dimensões do espaço.

Seguindo com as peças da temporada 2009: *Polígono*, coreografia de estreia da São Paulo em agosto de 2008, foi revisitada pelo próprio coreógrafo, que criou uma versão mais curta, em que os ângulos, os desequilíbrios, a suspensão e os contrastes dos movimentos ganharam maior dinâmica ainda, nos espaços reconstruídos por painéis movimentados pelos bailarinos e por tules criando espessuras, veladuras e regiões. O início e o fim da peça dialogam diretamente, o meio agora ficou mais multifacetado, com ritmos mais contrastantes e maior diversidade de movimentos. No final revemos, à maneira de um *stretto* musical (vários temas de uma fuga se sobrepondo), os diferentes quadros que compuseram a peça, mas de outros ângulos, seja de cima (pelo recurso da câmera), seja de frente em diferentes perspectivas, multiplicadas na telas que cortam a cena. Revista e reduzida, a obra ganhou novos acentos, tanto maiores com a participação ao vivo do conjunto belga Het Collectief, tocando ao vivo na temporada de 2009 em São Paulo.[95]

Vistos em conjunto, os vários trabalhos desenham um sentido vivo, nascido de interrogações e possibilidades. Na experiência diária, com experimentos e encontros, sensações e inquietações, vai-se construindo uma trajetória. Neste segundo ano, sobre o qual me detenho a seguir, já se reconhece uma marca do grupo, uma dinâmica própria, que se define também pela curtida personalidade dos intérpretes e do grupo com um todo.

Gnawa: paisagem e passagem[96]

Em *Gnawa* os quatro elementos fundamentais estão na cena: a água (na música e na fluidez dos movimentos que escorrem de um corpo ao outro dos dançarinos); a terra (nos movimentos dos grupos que percutem o chão e absorvem e reverberam no corpo a sensação do peso); o ar (no duo que corta a cena e preenche o palco, buscando se desprender da gravidade, num tempo também suspenso); e o fogo (que entra ritualisticamente em lamparinas, pela mão dos dançarinos).

---

95. De 10 a 13 de dezembro no Teatro Sérgio Cardoso. O Het Collectief é formado por Benjamim Dieltjens (clarinete, clarone), Martijn Vink (violoncelo), Toon Fret (flauta, flauta baixo, flauta em sol, piccolo), Wilbert Aerts (violino) e Thomas Dieltjens (piano, organeto, cravo, piano Fender Rhodes).

96. Estreia pela São Paulo Companhia de Dança em 26 de março de 2009, no Teatro Sérgio Cardoso (SP).

Nacho Duato nasceu em Valência, Espanha,[97] em 1957. Em 1992 criou a coreografia *Mediterrania* para a Compañía Nacional de Danza da Espanha, inspirado na natureza da sua cidade natal: cheiros, sabores, cores, acentos e dinâmicas. Procurou, também, transmitir através dos movimentos a sensualidade, o ritmo e a natureza do povo que vive na costa do mar Mediterrâneo. Em 2005, convidado pelo grupo Hubbard Street Dance de Chicago, retoma o tema, ampliando sua pesquisa e criando *Gnawa*.[98]

Os *gnawas* são um povo do norte da África, região do deserto do Magreb. Utilizam o canto, a música e a dança em rituais sincréticos para alcançar outros estados de consciência, até o êxtase. São de uma confraria mística adepta ao islamismo, descendentes de ex-escravos e comerciantes do sul e do centro da África, que se radicaram depois no norte. Hoje, a música *gnawa* constitui um gênero do folclore marroquino, com um festival dedicado a este estilo; diz-se que quem ouve os *gnawas* não pode parar de dançar.

Para Nacho há traços comuns que permeiam a região banhada pelo Mediterrâneo: o norte da África, Grécia, Itália, Espanha, Armênia e Albânia. O coreógrafo utilizou músicas de Hassan Hakmoun e Adam Rudolph ("Ma'BudAllah", do disco *Gift of the Gnawa*), Juan Alberto Arteche e Javier

---

97. Nacho Duato foi bailarino do Cullberg Ballet (em Estocolmo, Suécia) e do Nederlands Dans Theater (em Haia, Holanda). Nesta companhia começou a coreografar em 1983, ano em que *Jardí Tancat*, sua primeira obra, ganhou o prêmio principal no Concurso Coreográfico Internacional de Colônia, Alemanha. Em 1988, juntamente com o diretor artístico Jiří Kylián e com o coreógrafo Hans Van Manen, tornou-se coreógrafo residente do Nederlands Dans Theater. Desde então, criou obras que lhe renderam crescente reconhecimento internacional. Suas coreografias entraram para o repertório de algumas das principais companhias do mundo, como Cullberg Ballet, Les Grands Ballets Canadiens, Balé da Ópera de Berlim, Australian Ballet, San Francisco Ballet, Ballet Gulbenkian, Royal Ballet, American Ballet Theatre e Balé da Ópera de Paris. Dirigiu a Compañía Nacional de Danza, a principal da Espanha, de 1990 a 2010.

98. Para remontar *Gnawa* vieram ao Brasil Tony Fabre e Hilde Koch.

Paxarino ("Carauri", do disco *Finis Africa*) e de Rabih Abou-Khalili, Velez, Kusur e Sarkissian ("Window", do disco *Nafas*). A música mistura ritmos dos tambores africanos com vocais do flamenco. Nacho acrescentou ainda à música dos *gnawas* outras influências, seja no barulho da água e no canto dos pássaros, que entremeia a trilha sonora, seja alternando música espanhola e catalã dos séculos XV e XVI. Para Duato, *Gnawa* é "uma janela para o mundo".

Nos passos dessa dança vê-se o vocabulário clássico acrescido da técnica de Martha Graham, com movimentos de tronco – contrações e expansões –, pontuações e pesos. O movimento das mãos antecipa o sentido da forma dos braços, riscando de maneira clara o espaço, e determinando sua força e intenção antes de se ligar ao outro. Os braços conectam os bailarinos em grandes diagonais e círculos. A força do movimento vem do centro do corpo, da bacia, e reverbera pelo tronco, pelos braços, pernas e cabeça. O corpo usa seus eixos e percebe as diagonais que cruzam o tronco associando os lados, metades opostas do próprio corpo. A respiração é fundamental. A contração e a torção do tronco ampliam a sensação do volume. A emoção ganha substância pela percepção do próprio corpo, com seus espaços internos e o espaço ao redor.

Gnawa inicia com um casal de bailarinos caminhando de costas para a plateia até sumir na escuridão do fundo, enquanto um grupo de seis dançarinos caminha ritualisticamente em direção à frente do palco, para iniciar uma dança fluida e pontuada, com o espaço convulsionado pela relação entre os pares.

A dança continua alternando grupos com o duo. O duo é fluido, aéreo, sensual, com um jogo de contrapeso onde um corpo se completa no outro. Eles cruzam a cena como pássaros: os braços da moça são as asas que se completam no corpo do rapaz, que a suspende e enraíza no chão. A luz azulada completa a sensação de suspensão e mistério, que atinge o auge no grande duo central, de extrema sensualidade. Uma dança do encontro, do acasalamento e do prazer do movimento a dois. Os gestos das pernas, em consonância com a amplitude do movimento dos braços, criam uma verdadeira suspensão do tempo. Samuel Kavalerski e Renata Bardazzi são grandes intérpretes desse papel.

Contrapondo-se, conectando e complementando as passagens do duo as coreografias de grupo são mais ligadas aos movimentos terrenos, ondulatórios, como grandes ondas ou massas de areia que movem tudo ao redor. A luz aqui é âmbar e tinge suavemente os corpos.

Duato usa o espaço magistralmente, com diagonais, linhas e círculos que vão compondo um caleidoscópio humano sem cancelar a singularidade de cada intérprete. Quatorze bailarinos incorporam distintas personalidades, revelando ritmos internos de cada um. Quase ao final do balé, dois solos: um masculino – dançado com maestria por Rafael Gomes –, que combina força, sensualidade e precisão; e um feminino – incrivelmente dançado por Irupé Sarmiento –, que pontua o ar com os movimentos da cabeça impulsionada pela mão. Sua presença forte domina a cena e expande as espessuras. Ela chama todo o grupo a dançar. O vigor e a alegria invadem tudo; a força da individualidade concentrada dos intérpretes se expande para o grupo.

Ao final, eles retomam as lamparinas colocadas na ribalta e se dirigem ao fundo, agrupando-se e criando um corredor de luz para a entrada do duo, que cruza zonas de claro e escuro e surge na imensidão. O rapaz suspende a moça ao mesmo tempo em que o grupo desce com as lamparinas ao chão. O espaço se espelha num calmo e ampliado sentido do tempo. O tempo silencia. A água escorre e retoma o curso da vida.

Ballo: amor e solidão[99]

A fábula começa com uma moça sozinha (Patrícia Brandão), vestida de negro, na frente da cortina ainda fechada. O rosto é sereno e a mão segura uma carta. Ouve-se um trecho da "Lettera amorosa",[100] de Claudio Monteverdi (1567-1643). Patrícia encena esta e tantas moças do mundo que sonham e vivem o amor. Lentamente, abre a cortina e revela uma cena inusitada: a cada lado do palco quatro homens de ternos vermelhos guardam oito portas. No fundo, ao centro, uma porta é suspensa revelando contra o fundo azul as figuras míticas de Vênus, Plutão e Eros.

Ao longo da peça, no mecanismo dos movimentos vai se desenvolvendo a narrativa desta história. *Ballo* fala de questões centrais da existência: amor, pulsão, sensualidade, finitude. Entre uma cena e outra, suspende-se o tempo, na pausa onde pulsa a vida. A narrativa é onírica, e se realiza nos gestos, no movimento dos corpos, na relação dos personagens: Plutão, Vênus, Eros, quatro sombras do inferno, oito almas ingratas e Ariadne. Ao longo das diferentes cenas cada gesto carrega o sentido anterior para o seguinte, e nos dá a consciência do tempo.

A coreografia de Ricardo Scheir[101] parte da trilha sonora original de André Mehmari, com encenação, direção de arte e desenhos de luz de

---

99. Estreia mundial em 2 de abril de 2009, no Teatro Sérgio Cardoso (SP).
100. "Lettera amorosa, o se i languidi miei sguardi", do sétimo livro de *Madrigais*. Trecho da abertura do balé, cantado pelo tenor Tiago Pinheiro: "Se os meus lânguidos olhares, se os suspiros suspensos, se as truncadas palavras não puderam até agora, oh meu belo ídolo, ser da minha paixão prova fiel: leia estas notas, creia nesta carta, na qual em forma de tinta o coração revelei".
101. Ricardo Scheir nasceu em São Jerônimo (RS), em 1961. Dançou na David Aktins Dance Company de Sydney, Austrália. Criou sua escola, o Pavilhão D Centro de Artes, em São Paulo, em 1996, formando inúmeros bailarinos. Conquistou o prêmio de melhor coreógrafo no Festival de Dança de Joinville em 2000 e 2004. Foi diretor da Companhia de Dança de São José dos Campos (2005-2007) e coordenador de ensaios e mestre de balé da São Paulo Companhia de

Marcio Aurelio, e inspirado no "Ballo delle ingrate" ("Baile das ingratas") –, parte do livro VIII de *Madrigali – Guerrieri et amorosi* (publicado em Veneza em 1638), do compositor Claudio Monteverdi.[102]

O "Baile das ingratas" é uma alegoria da punição das mulheres que não se entregam ao amor. Ao mesmo tempo mostra conflitos individuais diante da moral e das emoções. O compositor aborda a efêmera natureza do amor e remete a toda uma tradição do amor cortês. Mehmari, de sua parte, apresenta variações aludindo a diversos momentos da história da música; assim, propõe um diálogo do antigo com o novo. Da mesma maneira, o coreógrafo Ricardo Scheir, em parceria com o encenador Marcio Aurelio, buscou referências na obra de Monteverdi para tratar de forma atual das atemporais relações humanas.

A imponência do cenário, com colunas laterais marcadas por adamascados que revelam e ocultam seus desenhos, tem seu complemento nos cinco painéis do fundo: quatro portas negras ladeando uma porta de adamascado. Sombra e luz revelam os desenhos sutis dessa moldura negra, esculpida pela diferença entre os negros. Os painéis ao fundo se abrem em determinados momentos do balé revelando um fundo infinito azul, que transborda luz na cena.

Com este cenário o palco ganha uma dimensão inusitada, pondo os indivíduos em proporções inimagináveis. A luz, vermelha e em alguns momentos marrom e verde, cria sombras e fantasmagorias que aliadas aos figurinos nos remetem a vários ícones modernos e antigos.

Dança (2008-2009). No trabalho de estreia da Companhia, *Polígono*, participou como colaborador coreográfico. Em 2008, recebeu a Medalha de Mérito Artístico, conferido pelo Conselho Brasileiro de Dança, órgão vinculado à Unesco. Atualmente é diretor do Pavilhão D e professor do Balé da Cidade de São Paulo.

102. A primeira apresentação da peça ocorreu em 1608, em Mântua, no casamento de Francesco Gonzaga, herdeiro do trono ducal de Mântua, e Margherita, Infanta de Savoia.

Se na dança veem-se questões relativas ao humanismo, a ênfase recai sobre a capacidade individual de racionalizar o mundo, de operar a partir dessa racionalização e dominá-lo. Ao mesmo tempo, parece afirmar a necessidade de que haja um deslocamento com relação à valoração do mundo sensível. Mais que isso, é preciso que a arte passe a ser o fenômeno dos fenômenos: como se, pela representação do mundo sensível, se apreendessem as suas leis, numa forma fugaz, volátil, nunca determinada.

No movimento dos corpos espraia-se a temática religiosa, o exílio da alma. Um território longínquo aparece habitado por uma massa de gente com o mesmo cabelo, a mesma roupa, deixando entrever o desejo e as sensações do encontro com o outro.

Ballo fala dos descompassos e ambiguidades do amor. Põe à mostra um lado opaco da vida, confronta clichês e padrões. Surge com intensidade, preserva algo de outras eras – clássica e barroca –, entrega-se a uma forma difícil e provoca reações inusitadas de amor e ódio.

Passanoite: variação e contraste[103]

As mil cores do figurino riscam o palco e só encontram pontos de apoio na intensidade da luz. No vasto espaço transfigurado pelos gestos dos bailarinos, os movimentos procuram fluidez e harmonia, dialogando intimamente com a partitura musical.

Passanoite, coreografia de Daniela Cardim,[104] tem música para quinteto de cordas, dos compositores brasileiros André Mehmari ("Passanoite"

---

103. Estreia mundial em 22 de outubro de 2009, no Teatro Alfa (SP).

104. Daniela Cardim nasceu no Rio de Janeiro, em 1974. Em 1994 ingressou no Ballet do Theatro Municipal do Rio de Janeiro, onde dançou como solista por cinco anos. Criada no mesmo ano de ingresso no Municipal, *Yu Lin*, sua primeira coreografia, ganhou o quarto prêmio na 9ª Mostra de Novos Coreógrafos no Rio de Janeiro. Em 1999 passou a integrar o Het Nationale Ballet (em Amsterdã, Holanda) onde é atualmente *coriphée*. Em 2003 fez sua primeira coreografia para o

e "Idílio"), Mário Manga ("Fade out"), Hermelindo Neder ("Undiu dois") e Marcelo Petraglia ("Ser eterno").[105] Os figurinos são de Ronaldo Fraga e a iluminação de Domingos Quintiliano. Todos os elementos contribuem de forma determinante na construção desse balé em que se tem uma percepção particular da passagem do tempo, uma espécie de respiração contida, no vai e vem de pensamentos soltos no peso do corpo.

No início, com a música que dá título à peça, dança um grupo de oito bailarinos, cada um entrando e saindo do seu quadrado de luz. E a luz aqui é fundamental: além de recortar as figuras, ela é o cenário onde tudo se dá. Os figurinos pretos com recortes desenham o corpo como tatuagem. Já o recorte das calças deixa ver pernas coloridas que vão criar uma geometria para além da imaginada pela coreógrafa. O *tutu* estilizado (saia de tule curta) brinca com o ícone da bailarina e acrescenta mais cor ainda à cena. A presença de cada um nas duas regiões – luz e sombra – pontua camadas distintas de ruminação do mundo individual.

O palco adquire nova configuração à medida que a posição dos quadrados se altera, criando outras interações entre os dançarinos, que não se tocam

---

workshop coreográfico do Het Nationale Ballet. Em 2006, o diretor Ted Bradsen a convidou para criar uma peça com produção custeada. Daniela então coreografou *Três movimentos para cello e piano*. Em 2007 fez seu primeiro *pas de deux* para a companhia, *Zaahir*, que foi incorporado ao repertório do grupo. Foi selecionada pelo New York Choreographic Institute, afiliado ao New York City Ballet, para coreografar para a School of American Ballet. Em junho de 2008 fez parte do programa *In space* do Het Nationale Ballet. Sua mais recente criação na Holanda estreou no programa *Nieuwlichters* do Het Nationale Ballet, apresentado em abril de 2009.

105. Cardim conheceu esta música no disco *Abstrações*, do quinteto de cordas Quintal Brasileiro, que tocou tanto na estreia (de 23 a 26 de outubro no Teatro Alfa) quanto nas outras apresentações em São Paulo (de 03 a 06 de dezembro no Teatro Sérgio Cardoso). O Quintal Brasileiro é formado por Luiz Amato e Esdras Rodrigues (violinos), Emerson de Biaggi (viola), Adriana Holtz (violoncelo) e Ney Vasconcelos (contrabaixo). Na primeira temporada Fabrício Leandro Rodrigues substituiu Adriana Holtz.

mas se relacionam com olhares: verdadeira intromissão no espaço de luz do outro. A luz demarca os espaços, mas não aprisiona a dança; a penumbra também aguça os elementos que compõem a cena.

Limites se desfazem antes da entrada da próxima cena. Na transição surge uma dançarina. "Fade out" é um quarteto de uma bailarina (Luiza Lopez) e três bailarinos (Vítor Rocha, Flávio Everton e Ed Louzardo), que se funde em "Undiu dois", outro quarteto, com proporção de gênero trocada: um dançarino (Samuel Kavalerski), três dançarinas (Amanda Rosa, Renata Bardazzi e Amanda Soares). No primeiro a elevação dá a tônica da cena. Luiza passa mais tempo suspensa do que no chão, explorando as relações entre os corpos e os novos eixos que se estabelecem neste corpo formado pela fusão dos quatro. No segundo quarteto a dinâmica se dá pelos acentos individuais de cada uma das bailarinas. Precisão, velocidade e maleabilidade marcam os movimentos em diálogo íntimo com os acentos da música.

"Idílio" é um duo (Yoshi Suzuki e Flávio Everton), com o humor leve de dois amigos que se desafiam na potência dos movimentos virtuosísticos da dança clássica, mas em novas posições; por exemplo, piruetas em que o joelho da perna de base vai se dobrando, até que eles se jogam no chão, sem perder o prazer do deslocamento, a relação com os movimentos cotidianos e com a gravidade.

A plateia não resiste e aplaude. A dança recomeça com a música "Ser eterno": dois duos sobre o fundo azul são silhuetas que riscam a cena e lançam o tempo em outra conexão: um tempo lento, espichado, que nos leva a perceber os detalhes, o desenho dos corpos no espaço. A luz vai se transformando aos poucos, no azul surgem riscos brancos, que se tingem de vermelho e percorrem toda a extensão do fundo do palco, ressaltando também a noção de passagem de tempo. Aos poucos o palco ganha mais habitantes, que o atravessam com ênfase nos movimentos dos braços, revolvendo o espaço com transparências, figuras, intenções e ressonâncias.

No duo seguinte (Samuel Kavalersi e Aline Campos) afirma-se a principal característica dessa dança em que o espaço se revela pelo movimento dos dançarinos, contracenando com a luz, pontuada pelos ciclos da música. O balé termina com um fundo tingido de vermelho e a silhueta dos bailarinos em duos, girando infinitamente. O eixo do corpo é um só, equilibrado pela tensão em balanço dos dois.

Tchaikovsky pas de deux: **técnica e naturalidade**[106]

George Balanchine[107] é um escritor de romances intensos, cuja grafia se faz de corpos em movimento. Durante a longa e notável carreira, foi sempre avesso a um texto imutável: reescrevia suas danças para outros intérpretes, adicionando ou retirando seções, e adequando os papeis para seus bailarinos, que ele amava por suas personalidades específicas. A maioria de suas criações não apresenta um enredo definido, ou um libreto que as esclareça; elas se constroem no encontro de pessoas com a dança, para falar das emoções e das relações humanas.

---

106. Estreia pela São Paulo Companhia de Dança em 21 de agosto de 2009, no Teatro Miguel Cury (Ourinhos, SP).

107. George Balanchine nasceu na Rússia, em 1904. Formou-se em 1921 e integrou o balé do Gatob (nome pelo qual foi conhecida a companhia do Teatro Maryinski de 1919 a 1934; a partir de 1935, seu balé passa a ser conhecido como Balé Kirov). Paralelamente à formação em dança, estudou no Conservatório de Música de Petrogrado. Estreou como coreógrafo em 1923 e no ano seguinte passou a integrar os Ballets Russes (1909-1929), de Serge Diaghilev (1872-1929), onde dançou e, pouco depois, passou a coreografar. Em 1933, foi convidado por Lincoln Kirstein para criar uma identidade americana para o balé por meio de uma escola clássica nos Estados Unidos, a School of American Ballet, que daria origem ao New York City Ballet. Morreu em Nova Iorque em 1983.

A dança de Balanchine relaciona-se intimamente com a forma musical, dá corpo à partitura.

Ele criou inúmeros *pas de deux* (duos) dando continuidade à tradição dos balés clássicos. Em *Tchaikovsky pas de deux*, um duo com música do compositor russo[108] – um dos favoritos de Balanchine –, a mulher não vive somente para o amor, nem tem o seu destino atrelado definitivamente ao homem. Cumplicidade, liberdade, sedução guiam este duo. O homem observa, segue e apoia a mulher, ela atua e o observa. A disposição emocional se faz através dos passos e das intenções dos gestos, neste duo que mantém a estrutura dos grandes duos clássicos.[109]

Tchaikovsky pas de deux é um grande desafio para os intérpretes, pelo extremo vigor da peça, pela dinâmica e potência dos movimentos, pelas posições alongadas levando o corpo ao limite do seu equilíbrio, pela combinação complexa dos passos e a relação íntima com os acentos musicais. Os bailarinos devem estar precisamente em cada nota da música, para que se tenha espaço de interpretação.

Na São Paulo Companhia de Dança, dois duos jovens estrearam esta peça: Aline Campos e Ed Louzardo; Luiza Lopes e Flávio Everton. Que desafio! Manter o corpo num equilíbrio contínuo, não estático, definir o acento do gesto na batida da música, manter a suspensão sem congelar ou

---

108. A música de Tchaikovsky, originalmente composta para o *pas de deux* nº 5 do terceiro ato do *Lago dos cisnes*, por não ter sido publicada junto com a partitura original permaneceu desconhecida muito tempo, não sendo utilizada por Marius Petipa (1818-1910) na sua famosa versão do *Lago*.

109. *Adágio*, onde se harmonizam os movimentos dos dois bailarinos, dançando juntos num jogo de equilíbrio e desequilíbrio, entrega e resistência; *variações*, masculina e feminina, apresentando os intérpretes com qualidades distintas; *codas*, grandes desafios técnicos e virtuosísticos de cada um; e um *duo final* onde o homem valoriza a sua parceira.

endurecer, ser quem se é a cada passo e também na transição entre um e outro. Cada pose revela uma infinidade de movimentos sutis, que preenchem a cena e fascinam qualquer plateia.

 Ao dançar algo assim, que tantos ícones da dança já fizeram, o bailarino ao mesmo tempo reafirma a potência dos artistas que o antecederam e busca um mundo visível em si mesmo, na superfície vacilante de cada dia. O artista põe em suspenso o tempo; quer dizer, também: o bailarino se conecta com a arte de todos os tempos.

Educação estética pela e para dança: um olhar acerca do trabalho educativo da São Paulo Companhia de Dança
Márcia Strazzacappa

> *A arte é filha da liberdade e quer ser legislada pela necessidade do espírito, não pela privação da matéria.*
> Schiller, F. *A educação estética do homem*

Para se falar do balé clássico

Rudolf Nureyev (1938-1993), um dos mais aclamados bailarinos do mundo, no prefácio do livro *Phaidon book of the ballet*,[110] afirma que o balé, "como um conto de Cinderela ao contrário, conta a história de uma arte que começou nos salões de bailes de príncipes e foi gradualmente conquistando os corações de pessoas comuns". Concebido na Itália, nasceu na França, cresceu na Rússia e se espalhou por todos os continentes do planeta. Nureyev afirma ainda nesse pequeno texto a satisfação de ter podido presenciar a explosão da popularidade do balé clássico junto ao público e junto a diferentes áreas do conhecimento, reconhecendo que este estilo de dança técnica e espetacular se tornou igualmente objeto de estudo e de pesquisas em vários espaços, sejam eles acadêmicos ou não.

Inicio meu texto propositalmente com as palavras de Nureyev não apenas para prestar uma homenagem singela a este bailarino que povoou o imaginário de muitas gerações de artistas da dança e influenciou a criação

---

110. Mezzanotte, R. *Phaidon book of the ballet*. London: Phaidon Publishers, 1979.

de muitas carreiras no Brasil e no mundo, como para mostrar quão atuais suas palavras permanecem.

O balé clássico nunca foi tão popular e tão presente na sociedade como na última década. Dos palcos dos grandes teatros da elite para os espaços educativos da periferia das grandes cidades; da cena para a sala de aula; dos livros com imagens estáticas para as imagens em movimento do Youtube; o balé clássico saiu da condição de uma dança erudita elitista para a posição de uma dança de popularidade incontestável. Isso não ocorre por acaso.

Verificamos um aumento no número de companhias profissionais ou semiprofissionais e de escolas de balé que criam e mantêm corpos estáveis amadores. Esses dados podem ser comprovados no Festival de Dança de Joinville, Santa Catarina. Este, que é um dos maiores encontros de escolas de dança do Brasil, continua sendo o grande celeiro fomentador do balé clássico, mesmo já tendo aberto espaço a outras estéticas de dança, como a dança contemporânea, a dança moderna, o sapateado, a dança de rua, o flamenco e demais danças étnicas e folclóricas.

Vemos também a quantidade de projetos sociais criados e mantidos pelo terceiro setor, que utilizam atividades educativas de arte como fio condutor para alcançar o objetivo-fim da entidade, seja de assistencialismo com ações transformadoras e/ou formadoras, de educação complementar, de inserção (ou reinserção) social, entre outros. Desta forma, classes menos favorecidas tiveram (e têm tido) a oportunidade de realizarem cursos de formação ou oficinas de dança, teatro, música, artes plásticas, vídeo, cinema, foto e artesanato. No tocante ao ensino de dança, os números mostram a quantidade de cursos de balé clássico, seguidos pela capoeira, danças de rua e danças brasileiras.

Estudantes de escolas públicas e privadas quando interrogados sobre o que é dança, descrevem, em sua grande maioria, o balé clássico. Quando solicitados a realizarem um gesto que seja representativo de dança, não são raras as vezes em que os braços sobem para a quinta posição ou um giro sobre uma perna acontece, numa tentativa de pirueta. Seja pela palavra, seja pelo gesto, o balé está no imaginário do cidadão comum e tornou-se sinônimo de dança.

Mas o que faz com que o balé mantenha sua vitalidade ainda nos dias de hoje? Como uma arte efêmera como a dança consegue se perpetuar no tempo e no espaço?

A dança, linguagem artística efêmera, difundida pela tradição oral, ensinada pela mimese, praticada nos mais variados espaços educativos, das escolas livres de dança, conhecidas como academias, a cursos superiores, passando pelos cursos técnicos profissionalizantes, é uma arte que resiste e persiste. Efemeridade e persistência. Efemeridade e permanência.

O pesquisador francês André Levinson afirmou que o balé clássico

> resume, na verdade, a experiência de séculos, pois certas noções que encontramos em sua base são comuns até mesmo aos mestres de dança da Renascença Italiana. Esta disciplina, supostamente forçada, evolui e se amplifica ao longo de inúmeras e fecundas crises das quais sai engrandecida e sem abalar seus princípios.[111]

Verificamos que, de fato, a técnica do balé clássico foi codificada, sistematizada e transmitida ao longo dos anos, mantendo seus princípios originais (compreendidos no sentido de origem). Sobre isso, um outro teórico do campo das artes cênicas, o diretor italiano radicado na Dinamarca, Eugenio Barba, identificou o que intitulou como "Princípios que retornam", após estudar diversas técnicas corporais oriundas de distintas culturas. Seus

---

111. Levinson, André. *1929 – Danse d'aujourd'hui*. Paris: Actes Sud, 1990, p. 85.

estudos de antropologia teatral, presentes na obra *A arte secreta do ator*,[112] concluíram que o balé clássico é a primeira e mais legítima técnica corporal tradicional do Ocidente.

Para se falar da relação educação e dança

Como alguém que atua e pesquisa no campo da educação e da arte, mais especificamente, no campo da *educação estética*, compreendida aqui não apenas como aquela das obras de artistas plásticos presentes em galerias, museus e livros, mas a educação estética que abrange o universo das diferentes linguagens artísticas, incluindo as efêmeras como a dança, a música ao vivo e o teatro; analiso o trabalho desenvolvido pela São Paulo Companhia de Dança como uma rica atividade de educação estética dos cidadãos, um trabalho hercúleo de formação de público para a dança e, porque não dizer, formação de profissionais de dança e para a dança. Educação *pela* e *para* a dança.

A proposta de educação estética encabeçada pela Companhia não se situa exclusivamente nas ações específicas intituladas como "educativas" realizadas pela equipe, como o *Corpo a corpo com o professor*. A educação estética está na edição, publicação, divulgação e distribuição gratuita dos DVDs *Figuras da dança*,[113] no acolhimento do público nos espetáculos; no material gráfico produzido especialmente para crianças e jovens, com imagens e textos simples e elucidativos sobre as peças coreográficas

---

112. Barba, Eugenio e Savarese, Nicola. *A arte secreta do ator – dicionário de antropologia teatral*. Campinas: Hucitec, Unicamp, 1995.

113. *Figuras da dança*, coleção de documentários produzidos pela São Paulo Companhia de Dança sobre artistas da cena paulista. Com duas edições publicadas, na primeira sobre Ivonice Satie, Ady Addor, Ismael Guiser, Marilena Ansaldi e Penha de Souza, com direção de Inês Bogéa e Antônio Carlos Rebesco (Pipoca) e na segunda, Tatiana Leskova, Luis Arrieta, Ruth Rachou, Hulda Bittencourt e Antonio Carlos Cardoso, com direção de Inês Bogéa e Sergio Roizenblit.

que serão apresentadas, incluindo informações sobre o coreógrafo, a música, o compositor, o figurino, o cenário, enfim, sobre os vários elementos que compõem a criação em dança.

Assim, analiso o trabalho da Companhia para além das apresentações dos espetáculos nos teatros, observando atentamente aquilo que se coloca no que intitulo "espaço do entre", aquele vão existente entre artistas da dança e o público em geral, entre os profissionais da dança e os amadores (ou amantes) da dança. Observo aquilo que se desvela atrás das cortinas, nas barras das salas de aula, nos ensaios, nas criações. São detalhes que podem passar despercebidos para uma pessoa distraída, mas não para o olhar daquele que batalha e sonha por uma educação estética de qualidade e acessível a todo cidadão.

Observo aquilo que acontece no *foyer* dos teatros, antes do som dos três sinais da campainha e durante o intervalo das obras. Fico de longe a acompanhar os gestos, olhares e sorrisos dos diferentes profissionais que fazem a Companhia acontecer.

Acompanhei o trabalho da Companhia por um ano e pude observar e desfrutar dos muitos encontros por ela proporcionados. Este "estar junto" também se manifesta como um espaço-tempo de aprendizagem e de educação estética. Foram encontros com profissionais de distintas gerações e de diferentes estilos de dança, como os ocorridos por ocasião do lançamento dos DVDs *Figuras da dança*, acima citados. Passado, presente e futuro, memórias e permanências. Homenagens a artistas que foram e aos que aqui estão trabalhando, construindo, produzindo arte. Memórias em palavras e em imagens, depoimentos daqueles que ensinaram e ensinam, formaram e continuam formando outras gerações de artistas. Isso é educação do sensível. Isso é educação estética para o hoje e o amanhã.

Em uma comunicação oral realizada na 30ª Reunião Anual da Associação Nacional de Pesquisa e Pós-Graduação em Educação (Anped), ocorrida em Caxambu (MG), levantei algumas questões no tocante ao ensino de arte nas escolas e destaquei minha preocupação com uma compreensão mais ampliada da dimensão estética para além das artes plásticas. No texto publicado nos anais, interroguei: "Que contato o indivíduo teve durante sua formação como professor com a linguagem da dança? Com espetáculos de dança ao vivo? Com a dança de sua região? Com o fazer/ensinar dança?".[114] Após lançar estes questionamentos, indicava alguns caminhos, afirmando que na impossibilidade deste professor poder ensinar/fazer dança, caber-lhe-ia o papel de mediador entre os estudantes e a dança, o que lhe exigiria um certo conhecimento, mesmo que mínimo, da produção de dança de sua região.

A São Paulo Companhia de Dança, nestes seus poucos anos de existência, acabou por responder parte de meus anseios, indicando um caminho para a mediação acima apontada. No projeto *Corpo a corpo com o professor*, por exemplo, a São Paulo convida professores e educadores para uma visita à sua sede para assistirem a um ensaio e participarem de uma palestra sobre as etapas de criação de um espetáculo coreográfico. A continuação do trabalho ocorre no retorno desses professores e educadores com seus alunos, desta vez, com o *Corpo a corpo com o estudante*. Os jovens, anteriormente preparados pelos professores e educadores para a visita, participam das atividades propostas e adentram a Caixa Preta, conhecendo os bastidores como coxias, cenário, camarins, técnica. É-lhes revelado tudo o que está por trás da magia do espetáculo coreográfico. Com esta atividade, os jovens entram em contato com o léxico do mundo cênico e vão se familiarizando com termos técnicos. Têm a oportunidade de descobrir e compreender que um espetáculo de dança envolve

---

114. Strazzacappa, Márcia. "Dança: um outro aspecto da/na formação estética dos indivíduos". In: *Anais da 30ª Reunião Anual da Anped*. Disponível em <www.anped.org.br>. Acesso em 15/03/2007, p. 5.

um número bem maior de profissionais que os artistas em cena, de onde se conclui que essas ações podem levar à formação de profissionais *para* a dança (cenógrafos, figurinistas, maquiadores, iluminadores, entre outros), além de profissionais *de* dança.

O trabalho cultural, estético e educativo da São Paulo Companhia de Dança seguramente garantirá, a médio e longo prazo, um público para a dança cênica em geral, não apenas para o balé. Isso se deve em virtude do conjunto de atividades desenvolvidas pela Companhia, sobretudo as atividades que têm enfocado e priorizado a familiarização do cidadão comum, professores e estudantes, com o universo cênico espetacular. Por mais que a técnica referência da São Paulo seja a do balé clássico, frequentar espetáculos de dança permite a aquisição de um vocabulário, a ampliação de repertório e uma melhor compreensão da linguagem da dança, tendo em vista seus "princípios comuns", como afirmou Levinson, ou os "princípios que retornam", como afirmou Barba, acima.

> Para se apreciar dança é necessária uma familiarização com o universo da dança, com seus símbolos, seus códigos e, para isso acontecer, por sua vez, é necessária uma "frequentação" [...], que garantirá aos indivíduos o domínio do sistema de referências inerentes a esta linguagem específica. [...] A aproximação e familiarização com a dança dependem de um investimento do indivíduo, primeiramente, em virtude dos locais nos quais a dança acontece; segundo, porque os códigos de apreensão desta linguagem não são tão evidentes assim. É necessário aprender a olhar a dança, decifrar seus enigmas, identificar quando um movimento é apenas um deslocamento do corpo no espaço, quando ele se transforma em dança.[115]

115. Ibidem, p. 6.

A educação estética da Companhia também é entendida na mescla entre passado e presente na escolha e definição de seu repertório. Não foi gratuita a opção em remontar obras de coreógrafos do início do século passado como *Les noces* (1923), de Bronislava Nijinska, e *Serenade* (1935), de George Balanchine. Essas remontagens foram levadas ao público ao lado de criações especialmente feitas para a Companhia com coreógrafos nacionais e estrangeiros.

A São Paulo, apesar de sua juventude, já conta com um repertório amplo e diversificado com obras de alguns brasileiros como Ricardo Scheir que, tendo como parceiros o diretor teatral Marcio Aurelio e o compositor André Mehmari, criou *Ballo* (2009). Ainda entre os brasileiros, a Companhia apresentou *Entreato* (2008), de Paulo Caldas e *Passanoite* (2009), de Daniela Cardim. Esta última coreografia contou com música ao vivo com a participação do quinteto de cordas paulistano Quintal Brasileiro em sua apresentação no Teatro Alfa.

Dentre os coreógrafos estrangeiros que marcaram presença na Companhia, o italiano Alessio Silvestrin que assinou *Polígono* (2008) e o espanhol Nacho Duato com *Gnawa* (2009), originalmente criada em 2005 para uma companhia americana.

A coreografia *Polígono* merece uma atenção especial quando se fala em educação estética. Essa peça foi minuciosamente analisada pela *performer*, analista de movimento e professora da Universidade Federal da Bahia (UFBA), Ciane Fernandes, na primeira publicação editada sobre a Companhia.[116] Meu intuito aqui não é rediscutir a obra pelo viés da análise apontada por esta autora. Almejo destacar o que ocorreu no corpo vivo dos jovens artistas da dança e na recepção do público.

---

116. Bogéa, I. (org.). *Primeira estação. Ensaios sobre a São Paulo Companhia de Dança*, op. cit.

Polígono é uma das obras do repertório que foi reapresentada em mais de uma versão,[117] talvez por força de seu próprio nome que sugere uma figura com muitos ângulos. Com uma versão integral e outra reduzida; com música gravada e com música ao vivo. Quantos ângulos ainda são possíveis de se ordenar? Quantas formas ainda podem ser criadas? Quantos polígonos podemos identificar nos movimentos em cena?

A cada re/apresentação da coreografia, os jovens bailarinos foram incorporando a obra e se apropriando dela. Amadureceram como artistas. Corpos jovens e ao mesmo tempo maduros. O público, por sua vez, foi aprendendo a olhar. Aqueles que tiveram a oportunidade de assistir ao trabalho coreográfico mais de uma vez, sabem muito bem sobre o que estou falando. Na última apresentação de *Polígono* no Teatro Sérgio Cardoso em dezembro de 2009, com a participação do Het Collectief da Bélgica, o público também aprendeu a ouvir, ler e interpretar. Os bailarinos com seus corpos em movimento, acompanhados pelos músicos que, também por meio de corpos em movimento, produziram mais que a música, produziram sons que completaram a cena, numa releitura poética das obras de Bach. Experiência estética, visual, cinestésica e auditiva.

Nessa coreografia, as telas sobrepostas e os *pas de deux* e trios em cânone brincam com o tempo. Qual deles é presente e qual é passado? Qual é realidade e qual é ilusão? Esta obra esconde e revela. Por vezes, se escancara. Ela permite ser adentrada e vista por vários ângulos, dentre eles, um inusitado: de cima do palco. Segundo Fernandes, "o que ressoa, de todos os ângulos e em todas as escalas, por todos os poros da tela e do espaço, é o corpo em movimento. Este contamina a tudo e a todos, em um império somático".[118]

---

117. Criado em 2008, *Polígono* foi revisitado por seu coreógrafo em 2009.
118. Fernandes, Ciane. "A dança e seu duplo/ EntreAtos: Reconstrução sem reprodução". In: Bogéa, I. (org.), op. cit., p. 70.

Após várias re/apresentações de *Polígono*, em suas distintas versões, as repetições foram se tornando diferentes. Como na poesia de Manoel de Barros, na parte "Uma didática da invenção" em seu *Livro das ignorãças*,[119] que diz: "Repetir repetir – até ficar diferente/ Repetir é um dom do estilo".

As artes do espetáculo vivo têm essa magia de se repetir inúmeras vezes sendo diferente a cada apresentação, sempre. Repetição, criação e recriação.

Para finalizar a presente reflexão acerca da re/criação em dança, levanto algumas perguntas: por que se questiona tão facilmente a recriação de obras de dança, sejam elas do passado ou da atualidade e, ao mesmo tempo, se aceita com naturalidade a reprodução de músicas? Não são patrimônio histórico os clássicos da dança tanto quanto o são os clássicos da música, ou os do teatro? Quantas versões de *Romeu e Julieta*, citando apenas como exemplo, já não foram produzidas pelo teatro, pela dança e pelo cinema do mundo todo? Por que se exige tanto que no universo da dança tudo tenha de ser novo, inédito, inusitado? Seria necessário, dentro dessa concepção, apagar a história e destruir o conhecimento acumulado em dança para se construir o futuro dessa linguagem artística? Mas, se assim fosse, como garantir a familiarização com o universo da dança se não se frequentar dança, assistir e re/assistir à dança?

Efemeridade, permanência e persistência. Repetição, criação e recriação. Passado, presente e futuro. As apresentações da São Paulo Companhia de Dança alimentam estes ciclos em tensões e mantêm viva a arte da dança, contribuindo para a sua formação, fundamentação e memória.

Como uma otimista convicta – da mesma forma como ao ouvirmos música, nós somos capazes de identificar estilos, épocas e muitas vezes

---

119. Barros, Manoel de. *O livro das ignorãças*. Rio de Janeiro: Record, 1993, p. 11.

compositores – acredito que, num futuro próximo, cidadãos comuns possam estar diante de um espetáculo coreográfico e consigam igualmente identificar estilos, opções estéticas, coreógrafos e possam, ao sair da sala de apresentação, tecer críticas fundamentadas e discutir sobre o que viram, sentiram e assimilaram da obra coreográfica. Não é simplesmente o otimismo que me dá esta convicção. O trabalho sério e consistente da São Paulo Companhia de Dança contribui para essa concretização.

Textura da memória
Flávia Fontes Oliveira

> *O escuro já vinha chegando quando ele se dispôs a falar da continuidade da vida pela mágica da memória e deu à luz os guardados de seu baú, fazendo-se herdeiro e transmissor do legado de várias gerações.*
> Davi Arrigucci Jr., *Enigma e comentário*

Figuras da dança, um dos programas criados e desenvolvidos pela São Paulo Companhia de Dança desde o início de suas atividades em 2008,[120] lança luz à memória da dança através de seus próprios artistas. Essa tarefa, de criar um elo na dança, é, a um só tempo, importante pela ampliação do panorama histórico (uma área ainda carente de registros no Brasil) e porque revê seu desenvolvimento por dentro, criando sentidos de pertencimento e identidade – com todas as tensões envolvidas no processo. *Figuras* propõe uma ponte entre o vivido e as elaborações do presente, com os recursos da perspectiva atual.

120. O programa *Figuras da dança* tem concepção de Iracity Cardoso e Inês Bogéa e, como produto final, traz a elaboração de documentários biográficos com personalidades da dança brasileira. Em dois anos de existência, a Companhia produziu dez documentários enfocando a vida e a obra de importantes personagens da dança brasileira: Ivonice Satie (1951-2008), Ismael Guiser (1927-2008), Penha de Souza, Ady Addor e Marilena Ansaldi, no primeiro ano, com direção de Inês Bogéa e Antônio Carlos Rebesco (Pipoca), e parceria da TV Cultura e Pipoca Cine Vídeo, e Ruth Rachou, Hulda Bittencourt, Luis Arrieta, Antonio Carlos Cardoso e Tatiana Leskova, no segundo ano, com direção de Inês Bogéa e Sergio Roizenblit, e parceria da TV Cultura e Miração Filmes.

A série de documentários biográficos,[121] lançados anualmente e exibidos pela TV Cultura, traz marcas comuns para caracterizá-la. Uma delas, no percurso de elaboração dos filmes, é o depoimento público em que outros profissionais e parceiros convidados pontuam a carreira do artista.[122] Ele acontece no Teatro Franco Zampari, em São Paulo, e, como o nome sugere, é aberto ao público e gravado – mais tarde essa gravação servirá na confecção dos roteiros. É um momento singular de encontro com a dança, quando o convidado revê – e recria – sua própria história, em diálogo direto com diferentes gerações. Esse processo de assimilação do vivido e de apropriação da memória pode ser percebido como conhecimento porque trabalha com possibilidades de escolhas e de interpretação, como colocou Beatriz Cerbino, no primeiro livro sobre a Companhia, *Primeira estação*, em 2009.[123]

As lembranças retomadas ao vivo apontam como cada um lida com sua experiência pessoal e o desdobramento da relação com o passado garante a singularidade da gravação, com a intensidade, a agilidade ou o distanciamento próprio de cada personalidade. "Num outro sentido, é a reminiscência que prescreve, com rigor, o modo de textura",[124] escreveu Walter Benjamin a propósito da obra de Marcel Proust, *Em busca do tempo perdido*. Esse é um ponto essencial: o trabalho da Companhia permite ao artista imprimir sua

---

121. Além da exibição na TV Cultura, os programas são distribuídos gratuitamente em uma caixa – acompanhada de um livreto com texto, fotos de arquivos e cronologia sobre a carreira de cada um dos homenageados – a instituições, pesquisadores e outros profissionais do meio.

122. O documentário de Ismael Guiser é o único que não conta com o depoimento público, ele faleceu pouco antes do evento. Seu documentário foi baseado em entrevistas anteriores, depoimentos de amigos e parceiros, e há uma narração para pontuar passagens de sua carreira.

123. Cerbino, Beatriz. "Dança e memória: usos que o presente faz do passado". In: Bogéa, I. (org.)., op. cit.

124. Benjamim, Walter. "A imagem de Proust". *Magia e técnica, arte e política*. São Paulo: Editora Brasiliense, 1985, p. 37.

textura ao episódio. Ele aponta, mesmo não intencionalmente, o ritmo e a composição do capítulo.

Marilena Ansaldi, por exemplo, já na primeira edição, subverteu a ordem de seu depoimento ao transformá-lo em *performance* e a ação pontuou seu documentário, garantindo que fosse mais um trabalho "essencial e especial", como diz José Possi Neto no seu depoimento público, a respeito da personalidade de sua parceira, sempre de entrega. Nos 26 minutos de duração do documentário, entendemos como os trabalhos se conduziram ao longo de sua carreira, abrangentes e apaixonados. Nada para esta artista é simples ou leve e sua grandeza é determinada pelo desmedido envolvimento com sua escolha artística que, ela confessa, também não é diferente de sua vida pessoal.

Nessa brecha que conseguimos entrever a natureza de cada um, a francesa de origem russa naturalizada brasileira, Tatiana Leskova, é exemplo oposto na direção do documentário. Sem perder a linearidade de contar sua história, somos conduzidos por outra dinâmica pessoal: a inquietação com o volume de informações e a aparente persistência estão presentes desde a entrevista inicial. Sua riqueza está na vontade de remontar sua história e uma parte fundamental da história da dança no século passado. Com sua fala apressada e carismática somos lançados ao início de sua carreira em Paris, com Madame Egorova (1880-1972), aos primeiros anos como profissional e à sua grande formação com o Original Ballet Russe do Coronel Wassily de Basil (1880-1951), onde conviveu, entre outros, com Michel Fokine (1880-1942), George Balanchine (1904-1983) e Léonide Massine (1896-1979). E depois aos anos no Rio de Janeiro, desde sua chegada em 1944, e sua relação apaixonada, tumultuada e longa com o Theatro Municipal da cidade.

Tatiana Leskova entrou para o Theatro Municipal do Rio de Janeiro em 1950 e logo foi determinando um modo de trabalhar, técnico, persistente e rigoroso. Não foi a única nem a primeira profissional estrangeira a deixar sua marca na casa, mas "a história dessa instituição está profundamente marcada por sua contribuição imensurável".[125]

No saldo de mais de um século de existência, o Theatro Municipal do Rio de Janeiro, particularmente depois da década de 1950, com a vivacidade das suas temporadas, foi primoroso na revelação, no acolhimento e na exportação de grandes talentos nacionais para a dança como Ady Addor, Thiago Soares e Roberta Marquez.[126] Única companhia profissional no Brasil até meados do século passado, o Balé do Theatro Municipal era a opção certeira de quem quisesse seguir dançando. Antonio Carlos Cardoso, Ismael Guiser, Luis Arrieta, além de Leskova e Ady Addor, todos passaram pela casa, com diferentes graus de envolvimento e de destaque.

Os dois exemplos citados (Marilena Ansaldi e Tatiana Leskova) indicam a questão fundamental do envolvimento do artista no seu filme. Não apenas no depoimento público, mas em outras instâncias: as sessões de entrevistas, a ajuda na seleção de materiais que servirão de guia na recuperação de suas jornadas como fotos, gravações de coreografias ou *performances*, publicações de jornais e outros meios. O que cada um oferece é uma forma de edição prévia.

Particular e universal, um panorama da dança

Os dez documentários apresentados até agora são fundamentais na medida em que reveem a história da dança dando voz aos seus protagonistas. A essa questão se junta outra, colocadas lado a lado: os documentários costuram um panorama da dança no Brasil a partir da segunda metade do século passado e oferecem agora novas relações e apropriações com o presente. "Ao tornar possível essa reconstrução, a operação memorável não

---

125. Caminada, Eliana. Texto autoral do folheto informativo encartado no DVD de Tatiana Leskova, do box *Figuras da dança*.

126. Os dois últimos, ex-bailarinos do Theatro Municipal, hoje primeiros bailarinos do Royal Ballet, em Londres.

expõe o que ficou para trás, de maneira imutável, reproduzindo, simplesmente, experiências passadas. Ao contrário, aponta o que, e como, pode ser lembrada no aqui e agora."[127]

Um a um, os filmes trazem à tona as vozes de seus artistas e nelas se misturam o alcance de um fato comum, o que ele carrega de universal e particular. O enlace entre as duas instâncias se dá na experiência, não apenas no recorte de sua vida, mas também na experiência do outro – o que ele assimilou entre técnicas, teorias, indicações, modos de criar, de agir, moral, o que ficou além das palavras e passou a fazer parte do seu arsenal de informação e formação.

Em mais de um caso, os acontecimentos vividos pelos personagens trazidos pelo programa *Figuras da dança* se cruzam em um único evento. Nesse sentido, entre 2008 e 2009, é possível entrever e pontuar alguns momentos decisivos da história da dança no país, particularmente em São Paulo, através do olhar dos homenageados: o Balé do IV Centenário, a transformação do Balé da Cidade, a disseminação e assimilação de outras técnicas de dança além do clássico, o Teatro Galpão, a vida no Theatro Municipal do Rio de Janeiro.

O Balé do IV Centenário e seus desdobramentos

Ady Addor, Ruth Rachou e Ismael Guiser foram integrantes do Balé do IV Centenário. Na suas vozes, identificamos os traços dos anos em que essa companhia implantou o profissionalismo até então inédito na dança paulista, recrutando os melhores nomes nacionais e trazendo artistas de outros países, caso do argentino Guiser, que, na ocasião, trabalhava na Europa, e do diretor convidado para a companhia, Aurélio Milloss.[128]

127. Cerbino, B., op. cit., p. 33.
128. Aurélio Milloss (1906-1988) nasceu na Hungria, foi bailarino e coreógrafo. Na Alemanha, em

O Balé do IV Centenário é considerado o primeiro grande movimento de dança em São Paulo, criado para as comemorações dos quatrocentos anos da capital, em 1954. As preparações para a companhia começaram em 1953, com contratação de toda a equipe, audição de bailarinos e estruturação física da companhia. A ideia era unir o que o Brasil tinha de melhor em dança, música e artes plásticas à moda dos Ballets Russes (1909-1929), dirigido pelo empresário Serge Diaghilev.[129]

Milloss estruturou a companhia em pouco tempo e, para suas coreografias, contou com cenários e figurinos de Candido Portinari (1903-1962), Lasar Segall (1891-1957), Di Cavalcanti (1897-1976), Flávio de Carvalho (1899-1973), Noêmia Mourão (1912-1992), Heitor dos Prazeres (1898-1966), entre outros, e composições de grandes músicos como Camargo Guarnieri (1907-1993) e Francisco Mignone (1897-1996).

O Balé do IV Centenário estreou em São Paulo num palco adaptado no estádio Pacaembu, pois as obras do Teatro Municipal não ficaram prontas. Estreou de fato no Theatro Municipal do Rio de Janeiro. Só em 1955, São Paulo veria alguns de seus balés na íntegra. Apesar da curta duração, o Balé foi um grande marco da história da nossa dança.

1934 e 1935, foi diretor e bailarino em Düsseldorf. Obrigado a fugir do nazismo, voltou ao seu país onde trabalhou no teatro de Budapeste e fez seu primeiro contato com um compositor, Béla Bártok (1881-1945). De 1938 a 1952, fez longa carreira na Itália, onde conseguiu reunir artistas em torno da dança, como queria inicialmente em seu país. Revelou uma série de grandes bailarinos e, principalmente, reavivou o balé na Itália. Depois da curta temporada brasileira, entre 1953 e 1954, voltou para a Europa. Trabalhou em Colônia, Bruxelas, Roma, entre outros. Encerrou sua carreira em 1977. Morreu em Roma, cidade que adotou.

129. Sobre a atuação dos Ballets Russes ver: Sevcenko, Nicolau. *Orfeu extático da memória: São Paulo, sociedade e cultura nos frementes anos 20*. 3ª reimp. São Paulo: Companhia das Letras, 2003; e Schwarcz, Lilia Moritz. "Um mundo de pernas para o ar: o final do século XIX e o início de uma nova era para as artes russas". In: Bogéa, I. (org.), op. cit.

As linhas chaves desse marco da dança estão narradas, de distintas formas, pelos participantes em seus documentários. Ao mesmo tempo, mostram como um mesmo evento se desdobra de modo multifacetado para os diferentes artistas.

Para Ady Addor, o Balé do IV Centenário foi o trampolim de sua carreira internacional. Em pouco tempo, tornou-se solista do American Ballet Theatre, companhia com a qual viajou à antiga União Soviética. Bailarina de belas linhas e carga dramática, ganhou papéis especiais para sua interpretação.

Ismael Guiser e Ruth Rachou seguiram suas carreiras no Brasil. Para Ruth a experiência do Balé do IV Centenário foi o que realmente despertou seu gosto pela dança. Guiser chegou ao Brasil para integrar o Balé do IV Centenário e o cenário não era animador com o fim da companhia. Seguiu fazendo dança em todas as oportunidades, participou de *shows* em TV, montou uma escola que chegou a receber cerca de três mil alunos. Adotou o Brasil como centro de sua arte até seu falecimento, em 2008.

O término da companhia não representou um isolamento da dança, o profissionalismo e a estrutura do antigo grupo serviram como impulso para os artistas brasileiros. A partir de então, segundo Ruth Rachou em seu documentário, começaram a se articular novas possibilidades de dançar.

A própria Ruth ao lado de Penha de Souza são duas representantes de uma manifestação muito fecunda em São Paulo, que se articulou depois do fim do IV Centenário. Mulheres que, além da formação em novas técnicas de dança – a dança moderna americana no caso de Ruth Rachou e pilates, yoga, Reeducação Postural Global (RPG) e também dança moderna em Penha de Souza – criaram uma rede de formação e disseminação dos valores da dança moderna em São Paulo. Abriram seus espaços para outros artistas, criando ligações fortes com diferentes gerações não apenas da dança em si, mas da educação e da cultura. Funcionaram como motores trazendo inquietações e novidades e influenciaram (e ainda influenciam) gerações de artistas inicialmente na cidade de São Paulo e depois alcançando outras partes do país.

Esse movimento teve como dois pilares fundamentais a francesa Renée Gumiel (1913-2006) e a húngara Maria Duschenes.[130] "Em 1957, a cultura era importada. Eu comecei com uma escola que naturalmente era moderna, mas procurei dar uma mentalidade moderna", diz Gumiel em um dos registros do documentário *Renée Gumiel – a vida na pele*, de Inês Bogéa e Sergio Roizenblit.[131] Devagar, mas de forma persistente, elas alimentaram entre os paulistanos um novo modo de ver e fazer dança, motivando alunos e dançarinos com questões intelectuais e capazes de transformar a sensibilidade física e psíquica. Suas atividades ecoaram na vida e na obra de alguns personagens tratados no programa *Figuras da dança*.

A dança paulistana na década de 1970

Ao lado da disseminação de outros modos de ver o corpo, a dança na década de 1970 em São Paulo passou por uma reviravolta. As transformações que a cidade absorveu e promoveu são vistas nas biografias de alguns personagens: a mudança no Corpo de Baile Municipal, o surgimento de companhias privadas como a Cisne Negro Cia. de Dança e o Ballet Stagium e a criação do Teatro Galpão, Teatro de Dança.

Antonio Carlos Cardoso estava em sua segunda temporada no exterior, em 1973, quando Marilena Ansaldi o convidou para retornar e assumir a direção do Corpo de Baile Municipal de São Paulo (criado em 1968), atual Balé da Cidade de São Paulo. Ao lado de Sônia Mota (que fará parte da série *Figuras da dança* 2010), Victor Navarro e Iracity Cardoso, sua gestão

---

130. Sobre Duschenes existe o documentários *Maria Duschenes – o espaço do movimento*, direção Inês Bogéa e Sergio Roizenblit. Prêmio Funarte Klauss Vianna, 2006. Curta metragem 17 minutos.

131. *Renée Gumiel – a vida na pele*. Argumento, roteiro: Inês Bogéa; direção: Inês Bogéa e Sergio Roizenblit. DOCTVII, TV Cultura, São Paulo, 2005. Documentário 56 minutos.

significou profunda alteração, em vários níveis, do rumo da dança em São Paulo: na relação administrativa, na postura dos bailarinos, na equipe artística envolvida, nas criações, no envolvimento com outras artes. "Esse projeto de unir as artes, ele a realizou com muito valor e deixou uma marca muito forte de sua direção", lembra Iracity Cardoso em seu depoimento presente no documentário.

De outro modo, o argentino Luis Arrieta também se beneficiou do espírito de inovação lançado por Antonio Carlos. Arrieta chegou ao Brasil em 1973; em 1974, já estava no Corpo de Baile. Além de bailarino, teve a chance de começar a coreografar. "Antonio quase me deu um chute para eu começar a coreografar. Ele me levou ao plano da expressão e a coreografia se converteu para mim no meu modo de expressar", diz Arrieta no documentário de Antonio Carlos. A carreira de Arrieta nasceu e floresceu no Brasil, com mais de cem obras criadas para companhias nacionais, entre elas o Balé da Cidade, do qual também foi diretor.

Ivonice Satie, que inaugurou os depoimentos públicos em abril de 2008, dançou por catorze anos no Corpo de Baile, primeiro apenas os balés clássicos, depois vivenciou as transformações propostas por Antonio Carlos, e na década de 1990, como diretora do Balé, promoveu outra reforma, desta vez colocando a companhia em rota internacional, dando continuidade à história iniciada duas décadas antes. Também criou a Companhia 2 do Balé da Cidade direcionada para bailarinos com mais de quarenta anos.

Em conversa direta com o Corpo de Baile, algumas companhias privadas como a Cisne Negro Cia. de Dança e o Ballet Stagium também direcionaram sua atuação para um entendimento diferente sobre a dança, com peso para desenvolver a própria linguagem no repertório e na forma de entender o corpo. Se o Stagium percorria o Brasil para levar sua dança literalmente de norte a sul, com criações salientando sempre a situação brasileira (como a relação indígena ou a violência da pobreza brasileira), a Cisne Negro, sob o comando de Hulda Bittencourt, renovou a dança ao criar uma companhia agrupando bailarinos de áreas diferentes do esporte que chegaram com o desejo de se mover, com corpos que precisavam de um molde comum. Hulda arregaçou as mangas, pensou em aulas e exercícios para dar unidade ao grupo e deu uma diversidade coreográfica à Companhia que persiste até hoje.

Para completar o panorama paulistano, entre 1975 e 1981, o Teatro Galpão – Teatro de Dança deu mais fertilidade, na quantidade e na qualidade, aos palcos da cidade. Com iniciativa de Marilena Ansaldi, que também recriou seu modo de dançar nos anos 1970, após uma carreira de sucesso como bailarina clássica, tornando-se uma das artistas mais fecundas do país, o teatro foi instalado na sala Galpão, do Teatro Ruth Escobar – daí seu nome –, em 1974 (a inauguração oficial aconteceu em 1975, com um espetáculo do Ballet Stagium). O teatro ainda hoje é lembrado como um ponto de encontro de ideias, aberto a experiências, e começou de um modo quase espontâneo, despretensioso, sem a intenção de assumir a grande e diversa proporção que acabou conquistando. O espaço era experimental e a articulação política não era restrita aos espetáculos: o governo, além de oferecer local e estrutura para espetáculos, como som e iluminação, deveria subvencionar os professores, que dariam cursos gratuitos. Mas era um teatro sem nenhum luxo: o palco não tinha o chão adequado, as arquibancadas não apresentavam nenhum conforto, a iluminação era deficiente, o camarim tinha poucas condições de uso. Ainda assim, a experiência combina a ebulição de criadores artísticos, a aproximação do público e a diversidade de outras artes.

Antes e depois

Os dez documentários produzidos até agora do programa *Figuras da dança* em torno de personagens da dança no Brasil, com farto material documental, são mediados pelo olhar de quem faz dança hoje no Brasil –

um olhar de dentro do próprio universo, que carrega a experiência de trabalhar com essa arte. O processo de elaboração de cada documentário é o que caracteriza sua identidade, realizada na mistura do depoimento público, seleção de imagens e entrevistas e serve ao conhecimento da história da dança no Brasil.

Em dois anos, o programa que se apresenta com a intenção de revisitar a história da dança também começa a organizar sua própria textura na memória coletiva ao lado do trabalho de circulação e produção de espetáculos e dos programas educativos e de formação de plateia da São Paulo Companhia de Dança.

A novidade no amplo projeto da Companhia é priorizar o registro histórico em meio ao que se faz hoje, colocando lado a lado o que se produziu na dança para se chegar ao presente, deixando viva e múltipla a relação entre o antes e o depois. Ou ainda, sugerindo uma continuação da história.

COREOGRAFIA DE GEORGE BALANCHINE, © 2008 THE GEORGE BALANCHINE TRUST

Bailarinas
Fabrício Corsaletti

A noite é dos descolados, a manhã é do pavão vermelho, mas a tarde foi feita pro ensaio das bailarinas. Eu não entendia nada de balé nem de dança nenhuma, não sei dançar, não frequento boate, nas festas sou dos que ficam na área de serviço, bebendo junto com os fumantes, embora tenha parado de fumar. Eu não entendia nada de balé e continuo não entendendo, mas não consegui recusar o convite de Taís Gouveia pra escrever um conto em que a dança fosse o tema ou o pano de fundo. Depois o texto seria publicado num livro comemorativo do segundo ano de existência da São Paulo Companhia de Dança, da qual Taís era a diretora artística, mas acabou que o resultado ficou péssimo, artificial e pretensioso, e eu inventei uma desculpa qualquer (tendinite) e não entreguei o conto.

    A verdade é que fui um idiota em aceitar um convite desses. Pra mim, escrever sob encomenda sempre foi uma experiência desagradável, com resultados toscos. Não se trata de preconceito, conheço escritores pra quem esse esquema funciona. Infelizmente não é o meu caso. Demoro pra transformar uma ideia estranha em coisa minha, e o prazo dado por Taís era curto. De longe farejei a roubada. Mesmo assim me meti nessa história.
– Por quê? Vontade de fazer algo novo, apostando as minhas fichas num tema "cultural", coletivo, que pouco ou nada tinha a ver com as trapalhadas pessoais e subjetivas da minha vida? Desejo de ficar perto daquelas garotas elásticas e saudáveis, que logo assumiram na minha cabeça a condição de

Contraponto à Miséria da Vida ao Redor? Vergonha de decepcionar Taís Gouveia, cuja proposta era um voto de confiança em mim e isso no momento me parecia incrível? Ah, sim, devo esclarecer que nos últimos meses eu tinha ficado mal, bem mal – já que a minha analista e o psiquiatra que ela me indicou tinham a mesma opinião sobre os meus altos e baixos: de que eu era assim, essa era a minha personalidade e no fundo eu sabia muito bem disso, só não estava mais a fim de pagar o preço, e essa é que era a verdadeira questão, não o mal-estar de que eu vinha me queixando. Certo, mas então que eles me deixassem sofrer em paz. Parei a análise e não voltei mais ao consultório do psiquiatra. Passei semanas irritado, numa ressaca moral humilhante. Depois houve um período de tranquilidade, e logo a sequência desgastante de euforia e angústia tornou a se repetir. Quis retomar a análise, mas estava sem dinheiro. Sem opções, decidi deixar esses assuntos de lado até segunda ordem e tocar em frente. Foi mais ou menos nessa hora que Taís Gouveia me pediu o conto das bailarinas.

Pra eu escrever o conto, explicou, ela me mandaria alguns DVDs sobre balés importantes, grandes bailarinos e a história da São Paulo Companhia de Dança. O fato de eu não ser especialista no assunto não era problema: meu relato poderia assumir o ponto de vista de alguém que está vivenciando sua primeira experiência com a dança. Os bailarinos – vinte homens e vinte mulheres, como ela me informou – estariam à minha disposição pra entrevistas e bate-papos. Também seria legal que eu frequentasse os ensaios; a Flávia, a assessora de imprensa, me passaria o endereço do prédio onde eles ensaiavam. Isso foi numa terça ou quarta-feira. Na sexta fui com a minha namorada e dois casais de amigos ver um espetáculo da Companhia no Teatro Sérgio Cardoso. A Flávia arrumou os ingressos.

De nós seis, eu era o que menos conhecia dança. Dez anos atrás tinha visto meia dúzia de apresentações da mulher de um amigo, que era dançarina – de vez em quando eu me sentia na obrigação de prestigiá-la.

Seus solos desgovernados eram incompreensíveis pra mim, mas eu acompanhava cada um dos seus movimentos com toda a atenção de que era capaz, desejando que em algum momento se desse uma revelação e eu fosse finalmente aceito entre aquela gente moderna e especial. Mas a noite acabava e ninguém me explicava o que tinha acontecido. Eu não me continha e perguntava em voz baixa pro meu amigo ou pra algum amigo dele: mas por que isso e não aquilo? Ou: qual a mensagem que ela quis passar? Lembro de olhares constrangidos e respostas sem notas de rodapé. Nenhuma frase esclarecedora, nenhum "relaxa, as coisas são o que são". Isso foi logo que cheguei em São Paulo, aos dezoito anos, isto é, numa época em que eu era ingênuo o bastante pra achar que todo mundo, mas *todo mundo*, sabia de coisas importantes e misteriosas – que eu jamais viria a saber. Enfim, isso tudo foi há muito tempo. Agora eu estava entre pessoas queridas e não tinha grandes expectativas sobre o que quer que fosse. O que elas soubessem me diriam de maneira simples e direta, e eu teria a chance de aprender alguma coisa. A Renata e o Túlio, por exemplo, tinham visto vários espetáculos do Grupo Corpo e me falaram um pouco a respeito. O Paulo e o Jonas me deram de presente um livrinho de Heinrich von Kleist sobre marionetes. E a Dani, depois do café da manhã do dia seguinte, me fez ler um ensaio da Gilda de Mello e Souza com o título "Notas sobre Fred Astaire". Transcrevo um trecho que grifei:

> [...] Fred Astaire é o homem ancorado no cotidiano, sem nostalgia nem ressentimento, realizado por meio dos elementos que soube organizar, melhorando cada um de modo a não excluir nada e transformar tudo em metáfora.

Respirei aliviado por não ter lido essa frase antes, quando comecei a escrever. Aos quinze anos, teria ficado inibido com um artista assim: sem nenhum direito de desesperar. Em todo caso, eu vinha tentando manter os pés bem plantados na realidade e, pelo menos no início, era de alguma de suas camadas que arrancava meus poemas. Minha nostalgia tinha atingido o topo e começava a arrefecer – com o ressentimento eu fazia questão de não me acostumar. O que me incomodava na frase, no entanto, era o verbo *organizar*. Minha ideia de organização se resumia a fazer a cama, lavar a louça, tirar o lixo e guardar os CDs na capinha antes de ir pro trabalho. O resto era aquela ressaca cotidiana, a culpa, a azia, o trânsito de São Paulo, um ou outro desentendimento com o cobrador ("não tenho moedas, senhor, sinto muito"), as simpatias e as antipatias no trabalho, os jóqueis do outro lado do rio, os urubus, os caminhões, o shopping Eldorado, a Rebouças e o Mini-Copa Independência, o boteco na esquina da Artur de Azevedo com a Oscar Freire onde eu tomava cerveja esperando a Dani passar pra me pegar. Como organizar esses elementos – e sem excluir nada? Melhor voltar àquela noite no Sérgio Cardoso e contar como foi.

Folheando o programa, soube que veríamos dois balés. O primeiro, de 1924, narrava uma cerimônia de casamento entre camponeses russos. Tinha coreografia de Bronislava Nijinska e música de Igor Stravinsky. "Rússia, anos 20, Revolução de Outubro, proletariado, o homem novo... Maiakóvski!", concluí, e a lembrança do nome do poeta me deu a ilusão de que *Les noces* não seria um problema pra mim. Nem *Les noces* nem balé nenhum. E além disso *Les noces* era um balé comunista: seu objetivo era comunicar, e eu estava determinado a compreender. Mas no final do primeiro quadro já tinha me perdido. Pedi ajuda pra Dani mas me perdi de novo. Sem graça, esperei o balé terminar pensando num poema de Maiakóvski; foi a maneira que encontrei de ficar minimamente ligado ao que acontecia no palco. No intervalo Taís me procurou e, com uma voz macia e firme, me deu alguns toques quanto à coreografia: os bailarinos dançavam em bloco, o conjunto é que importava, a individualidade não tinha vez ali.

O segundo balé, *Serenade*, de George Balanchine, era quase inteiramente dançado por mulheres. O que me marcou: de repente, dez ou doze bailarinas surgiam do lado esquerdo do palco formando um triângulo, e avançavam depressa, na ponta dos pés, quase até o outro lado, com precisão, suavidade – e violência. Na hora achei que o palco fosse desabar, não resistindo àquela invasão lírica, cheia de energia sexual. Passeei minha mão pela coxa da Dani e a apertei. É provável que eu tenha ficado com tesão.

Do teatro fui com a minha namorada e os nossos amigos a uma cantina do Bixiga. Enquanto comia uma porção do cabrito ensopado que a Dani escolheu pra nós dois, tive a primeira e única ideia pro conto de Taís Gouveia. Eu contaria, com um narrador em terceira pessoa (em geral eu escrevia na primeira pessoa, mas estava começando a ficar cansado de falar de mim), a história de um jornalista desempregado, e por isso mesmo decadente aos olhos dos outros, mas também aos seus próprios olhos, que se apaixona por uma bailarina de vinte anos no auge da carreira. A bailarina não está apaixonada; deixa o namoro seguir em frente por inércia ou conveniência: o jornalista a trata bem e o sexo não é ruim. Um dia, sem mais nem menos e pra surpresa do jornalista, a bailarina lhe confessa o que ela considerava ser o seu "maior segredo": o fio de carbono que existe a um palmo da sua coluna, paralelo a esta e se estendendo do chão até a altura máxima que sua mão consegue alcançar. Ela o tinha descoberto logo quando começou a estudar dança, mas se tornou plenamente consciente da sua existência na noite da sua primeira apresentação profissional. O fio estava lá, real e alucinante como um osso – ainda que só ela o pudesse ver. Por que o fio era de carbono não sabia explicar, mas tinha certeza que dele dependia o sucesso ou o fracasso das suas apresentações. Se tinha algum talento o mérito era do fio, ou da sua humildade em se deixar levar por ele. Quando dançava mal era porque, vaidosamente, tentava ignorá-lo e provar a si mesma que era uma bailarina como as outras, dona do seu corpo e do seu ritmo, sem fio de carbono pra respirar, adorar ou tomar conta – às vezes ela tinha vontade de largar tudo e voltar pra casa dos pais.

Depois a história descambava pro sentimentalismo mais babão, o jornalista cada vez mais obcecado pela bailarina, a bailarina cada vez mais concentrada no fio de carbono. Ele sofria. Ela se sacrificava. Os dois reclamavam demais e não convenciam. (Eu achava que o jornalista tinha que arranjar um emprego e, como todo jornalista que se preza, virar alcoólatra. Mas ele não gostava de beber nem se mexia pra procurar trabalho. Ela, na minha opinião, devia mesmo voltar pro interior e passar o resto da vida cuidando dos pais doentes – gratos pelo regresso da filha, eles não fariam mais que a obrigação adquirindo, ele, um câncer, e ela, Parkinson.) A história se arrastava por mais algumas páginas redundantes, até que fiz com que eles se sentassem na beira do lago do Ibirapuera pra admirar os patos – os dois eram loucos por patos. Por sorte o céu estava cinzento e em seguida caiu um temporal. Na confusão que se formou no parque eles foram pra um lado e eu pro outro, e não nos vimos mais.

Agora me pergunto se não fui excessivamente duro com eles. Não sei sequer como se chamavam. E pensando bem ele era um cara legal, e amava a bailarina; e ela, apesar do narcisismo delirante, era uma artista de verdade. Por que não simpatizei com eles? Por que tenho a impressão que escrevi *contra* os meus personagens? Se eu tivesse me apaixonado por Diana, uma das bailarinas da Companhia de Dança, talvez as coisas tivessem sido diferentes. Mas não me apaixonei por Diana, uma morena de rosto trágico e sorriso infantil, e tampouco me apaixonei por María, a portenha solitária que morou dezoito anos em San Telmo, a uma quadra do El Federal, um dos bares que eu frequentava quando morei em Buenos Aires. O que me emocionou não tinha nome nem nacionalidade. Era de tarde, e sentado num banco baixo de madeira, com um caderno de notas na mão, eu assistia a um ensaio da Companhia.

Pouco antes, eu tinha descido no metrô Tiradentes e andado alguns quarteirões. Na rua da Graça cheguei à conclusão de que o Bom Retiro é um bairro simpático e que o Acrópoles – que pelos meus cálculos estava perto – é o meu restaurante preferido. Eu tinha almoçado lá algumas vezes com a Dani no começo do namoro e sentia saudade desses dias. Ainda estávamos bem, mas aqueles almoços tinham ficado pra trás. Eu não comia nada desde às seis da manhã e estava com fome. Por um momento, me imaginei ligando pra Flávia e dizendo que meu chefe não tinha me liberado. Então correria pro Acrópoles, pegaria uma mesa da parede da esquerda de quem olha pra rua e pediria um prato de mussacá e uma garrafa de vinho... Quando estivesse bêbado, ligaria pra Dani e choraria um pouco. Mas eu tinha ido ao Bom Retiro a trabalho, e estava quase na hora do ensaio começar. Melhor comer uma esfirra numa padaria qualquer e não mancar com Taís Gouveia, embora ela estivesse em Berlim, num jantar de negócios. Com o espírito de Operário das Letras novamente a postos, parei num boteco e tomei um suco de laranja – a esfirra estava feia demais –, e dali fui direto pra Oficina Oswald de Andrade.

A Flávia me recebeu, me levou pra conhecer o prédio e depois me deixou no salão onde ocorreria o ensaio. Alguns bailarinos, deitados no chão, descansavam; outros conversavam encostados nos batentes das janelas, que eram enormes e estavam abertas – dava pra ver as copas das árvores do jardim. Eles não se mostraram particularmente curiosos a meu respeito, deviam estar acostumados com todo tipo de visitante – políticos e coreógrafos, fotógrafos e mesmo escritores –, mas pra minha surpresa um deles veio falar comigo. Era de Belém e morava em São Paulo desde os quinze anos, porque no Pará as oportunidades eram mínimas e o preconceito, máximo. Homem não pode dançar, é coisa de viado. Seus pais, por exemplo, ficaram anos sem conversar com ele. Se ele tivesse nascido menina, teria sido mais fácil, elas podem começar mais cedo. Ele tinha vinte e seis anos, já não tinha muito tempo pela frente. Eu me importava dele estar falando tanto? De jeito nenhum, respondi, e me perguntei se eu tinha algum preconceito em relação a bailarinos. Quis crer que não. Por outro lado, sempre que eu pensava em balé me vinha à cabeça um grupo de meninas dançando, e sombras perto delas. Essas sombras eram os bailarinos. E tive que admitir que sim. Pensei em pedir desculpas pro bailarino paraense ou pelo menos lhe dizer "sinto muito". Mas eu estava tímido e atrapalhado, e acabei fazendo cara de quem já tinha ouvido aquela história antes e conhecia bem a escrotidão do mundo.

Quando a Flávia reapareceu, acompanhada de um quarentão em forma, o bailarino voltou pro grupo de onde tinha saído. O quarentão se chamava Renato e era um dos coreógrafos da Companhia. A Flávia lhe contou o que eu estava fazendo ali, e ele disse que estava pronto pra ser entrevistado. Abri meu caderno vermelho, tirei uma caneta do bolso de trás da calça e disparei sobre o Renato uma série de perguntas caipiras cujas respostas foram: o bailarino com o biotipo ideal tem tronco curto, braços e pernas longos e pescoço comprido – "atualmente isso mudou bastante". As dores, além das musculares, se concentram mais nas articulações. "Mas o que é dor pra você", ele me alertou, "é muito diferente do que é dor pra um bailarino." *Grosso modo*, o balé clássico é antinatural, quer a superação da natureza, ao passo que a dança contemporânea busca a naturalidade. Porque, feitas as contas, "o balé é a eterna procura do eixo vertical" – o Renato exclamou, subindo o tom da voz, e eu prometi botar aquela frase no conto –, na dança contemporânea os eixos são infinitos. Se existia um estilo brasileiro de praticar o balé? Sem dúvida, ele me devolveu, os gringos o reconhecem e se comovem. Mas eu não entendi o que era esse estilo.

O Renato olhou no relógio e me pediu licença, tinha que começar a aula. Que eu ficasse à vontade. Sentei num dos bancos de madeira e encostei a cabeça na parede espelhada. Estava de frente pras janelas. A essa altura os bailarinos estavam todos esparramados no chão e se alongavam. Fiquei olhando as árvores, calculei as medidas da sala, fiz um desenho das janelas e rabisquei frases como "luz boa", "lembra uma tarde no interior", "eu estaria trabalhando", "dor nas costas e nos punhos", "o quadro de Mykonos do Acrópoles – Mykonos sem os turistas", "'A ilha ao meio-dia' – Cortázar – reler", "pernas, mochilas", "decorar soneto de Camões".

E assim, concentrado ou distraído, me sentindo à vontade naquele ambiente estranho, acreditei que seria fácil escrever um conto sobre balé. O ar estava tão leve quanto nas primeiras vezes em que escrevi poemas, poemas ruins que eu tinha jogado fora no mês seguinte à publicação do meu primeiro livro, mas agora esse ar estava a meu favor, esperando sem ansiedade que eu dissesse a palavra certa, na hora certa e sobre a coisa certa. Eu tinha apostado minha vida nisso – *em escrever de verdade* –, e ainda que essa atitude não fosse garantia de sucesso – quantos não fizeram a mesma coisa e se deram mal? –, no meu caso haveria de ser.

Foi nesse momento que vi a bailarina. Sentada de costas pra mim, quase no meio da sala, ela mantinha as pernas abertas e esticadas, enquanto projetava o tronco pra frente, até encostar a cabeça no chão. Os pés, com sapatilhas sujas, apontavam em direções opostas; também estavam imóveis, mas às vezes se contorciam, como se quisessem pegar algo invisível ("parecem garras", anotei), ou como se fossem independentes do resto do corpo e se divertissem – "bicos de patos fanfarrões". A bunda, firme; o *short*, cinza; por baixo da camiseta branca era possível contar as vértebras da sua coluna arqueada. De onde eu estava não tinha como enxergar seu rosto, e torci pra que nunca me dissessem seu nome. Havia nomes demais no mundo e quase nenhuma liberdade dentro deles – algumas coisas, era preferível que permanecessem longe das palavras. Aquela bailarina se alongando às duas da tarde, que tinha chegado ali provavelmente enfrentando grandes batalhas entre a sua Vontade de Dançar e um Passado Pessoal Intransferível, tinha uma única chance de ser livre e era enquanto não acabasse aquele instante. No fim de semana ela seria julgada por uma plateia deprimida e exigente, que esperaria dela a perfeição e a surpresa, como se ela carregasse nas costas não só a história do balé, mas fosse também a própria encarnação do mito da dança e, portanto, a Prova Viva de tudo o que já se escreveu de fascinante e de absurdo sobre ele e me parecia um delírio pensar assim. A verdade da dança, se havia alguma, estava com aquela bailarina sem nome, com o cabelo preso num rabo de cavalo, no centro da sala de um edifício velho de um bairro comercial paulistano cheio de luz.

Em casa, despejei minhas anotações no computador e nas duas semanas seguintes trabalhei no texto da bailarina com o fio de carbono. Nem me preocupei em transformá-la na bailarina do ensaio; acreditei que naturalmente uma estaria na outra, a bailarina real e a inventada, e o conto daria certo. Mas não foi o que rolou, e aqui estou eu procurando uma explicação pro meu fracasso. O fato é que às vezes a gente acerta, às vezes não, e quem diz que sabe como escrever está mentindo. Eu, pessoalmente, até hoje não entendi direito a diferença entre ficção e realidade, e faz tempo que descobri que nem a ficção nem a realidade me interessam quando estou escrevendo. Quer dizer: eu gosto mesmo é da realidade, mas a realidade promete coisas que não se cumprem, e aí você escreve pra ajudá-la a se cumprir. Em todo caso, espero que Taís Gouveia me perdoe e não fique com uma má impressão de mim.

Pra terminar, falta falar da Velha Bailarina. Não gostaria que ela ficasse de fora. Vi por acaso, num dos DVDs que Taís Gouveia me enviou, meses depois do prazo de entrega do conto ter ido pras cucuias. Estava arrumando a sala de casa e encontrei a sacola com os DVDs sobre os figurões da dança no Brasil. Mais ou menos curioso, botei um deles pra rodar e fui até a cozinha passar um café. Eu não lembrava por que não tinha assistido nenhum daqueles vídeos antes. Quando voltei pra sala e me acomodei no sofá, uma bailarina velha dançava. Era imensa, e usava uma fantasia de palhaço estilizada. Seus gestos eram lentos, seus ossos estavam soltos dentro da carne. Parecia a ruína de uma bailarina jovem, mas parecia outra coisa também. Tentei imaginá-la aos vinte anos e não consegui. Imaginei seu velório e não fiquei satisfeito. Dei um gole no café e prestei atenção na velha bailarina. Era realmente a Velha Bailarina? Uma vez conheci o Velho Cantor – agora estava diante da Velha Bailarina. Eu poderia estar enganado? Não. Aquela senhora dançando tinha que ser a Velha Bailarina.

Do ensaio, do espetáculo[132]
Agnaldo Farias

O que estava em jogo naquele começo de tarde de sábado era a passada de um pequeno trecho da coreografia *Ballo*, de Ricardo Scheir, cuja versão integral eu havia assistido há pouco. Três jovens bailarinos, sob a orientação de uma professora, repassavam intermitentemente um fragmento de no máximo dois minutos sob as vistas entre atentas e divertidas, com risadas, instruções e interrupções de mais outros três que, por já dominarem a coreografia, ajudavam seus colegas na afinação dos detalhes, igualmente enredados na construção da sequência de movimentos, na modelação exata dos gestos, nos ajustes sobre como e onde pegar no corpo do outro, para melhor elevá-lo, trazê-lo ou girá-lo como um satélite improvável, sem com isso machucá-lo ou machucar-se, e acompanhando-os na delicada sincronização dos passos quando avançavam pelo piso brilhante e escuro do linóleo, o que nada tem de simples, muito ao contrário, pois era quando os corpos perseguiam um movimento em uníssono, organizado a cada passo, todos cuidando em não se perder uns dos outros durante a expansão pelo chão e ar tornados espessos pela música, simultaneamente percebendo e pressentindo o desenvolvimento dos corpos vizinhos, como se estivessem unidos por uma cartilagem maleável e invisível, e, para tanto, sem falhar na contagem, na marcação do ritmo, depurando, enquanto isso, o desenho

---

132. Texto originalmente publicado no programa 1/2009 da São Paulo Companhia de Dança.

dos braços e pernas, do corpo no espaço, controlando da posição do tronco à direção do olhar, enfim, todo e qualquer tropeço, por mínimo que fosse, o que incluía os produtos da respiração: os arquejos, sopros e suspiros que, naquela altura, perto das duas horas da tarde, com todos exaustos, irrompiam mais altos e desencontrados, como um tumulto abafado que, sem que se quisesse, escapava numa disparada rápida, mas, porque são profissionais nesse exigente e delicado *métier*, sofreado logo em seguida.

Meio que desequilibrado numa banqueta alta que me arranjaram e que na prática servia para acentuar o contraste entre meu ser naturalmente desajeitado e a desenvoltura com que os bailarinos lidavam com a instabilidade bem na minha cara, tinha a aguda consciência da minha situação privilegiada, experimentando na observação de uma mesma sequência repetidas vezes, uma espécie de dilatação temporal, como se o tempo se fizesse mais lento e, além disso, se desfibrasse, permitindo-me entrever seu interior. Considerando que o balé, nas palavras de Paul Valéry, é um *ornamento da duração*, testemunhei o tenaz e excruciante exercício físico mediante o qual esse ornamento é meticulosamente esculpido. A mesma passagem repassada incontavelmente e através dela a visualização das imperfeições e a progressiva obtenção da limpeza, a extração de gestos tão nítidos quanto complexos até então submersos na potência e explosão daqueles corpos, tudo muito distante dos nossos movimentos áridos e ordinários e, por isso mesmo, fonte de fascinação.

Tudo isso é muito diverso da experiência que você, leitor, terá num futuro próximo, supondo que esteja lendo este texto antes do início do espetáculo. E se eu principiei pelo preparo de tudo isso, pela recuperação de uma sessão dedicada ao ensaio, é porque o final do processo, o espetáculo propriamente dito, redondo, com suas sequências perfeitamente encadeadas, tal como presenciei na passada geral da coreografia *Gnawa*, de Nacho Duato, na grande sala da Oficina Cultural Oswald de Andrade, sede da São Paulo Companhia de Dança, faz com que sejamos absorvidos por uma dinâmica muito diversa, como um presente que se vai desenrodilhando de tal modo que, conquanto magnético, cada quadro faz com que ansiemos pelo próximo e assim sucessivamente.

O curioso é que enquanto aqui, no palco deste teatro, eles dançam para nós, na sala de ensaios dançavam para o imenso espelho que cobria toda a extensão da parede maior do ambiente retangular. Um modo de dizer que se apresentavam para eles mesmos, percebendo-se uns aos outros duplamente, aqui e lá. Pois agora, prontos, com os seus gestos mais puros vindos à tona, à flor da pele, colados às malhas, tão naturais quanto suas vagas de suor, eles não precisam mais de suas imagens, mas de si, leitor, de seus olhos, de sua respiração suspensa, do encantamento resultante da ressonância entre o seu corpo e os corpos deles todos.

Sobre os autores

Agnaldo Farias é professor doutor da Faculdade de Arquitetura e Urbanismo da Universidade de São Paulo (FAU-USP), crítico de arte e curador. Realizou curadorias, entre outras instituições, para o Museu de Arte Moderna do Rio de Janeiro, Instituto Tomie Ohtake, Centro Cultural Banco do Brasil, Museu Oscar Niemeyer, de Curitiba e para a Fundação Bienal de São Paulo. Nesta última foi Curador da Representação Brasileira da 25ª Bienal de São Paulo (2002), Curador Adjunto da 23ª Bienal de São Paulo (1996), Cocurador da 29ª Bienal de São Paulo. É autor, entre outros livros, de *Arte brasileira hoje* (Publifolha, 2002), *As naturezas do artifício – Amélia Toledo* (Ed. W11, 2004), foi editor e organizador do livro *Bienal 50 anos* (Fundação Bienal de São Paulo, 2002).

Antonio Prata é escritor. Tem sete livros publicados, entre eles: *Cabras* (Editora Hedra), *Caderno de viagem* (com Paulo Werneck, Chico Mattoso e Zé Vicente da Veiga, prefaciado por Antonio Candido; Hedra, 1999), *As pernas da tia Corália* (Objetiva, 2003), *O inferno atrás da pia* (Objetiva, 2004) e *Adulterado* (Moderna, 2009, reunião de crônicas escritas por seis anos para adolescentes, na revista *Capricho*). Para a TV, escreveu episódios das séries *Sexo frágil* (Globo, 2002), *Alice* (HBO-Gullane Filmes, 2007) e *Descolados* (MTV-Mixer, 2009) e foi colaborador da novela *Bang bang* (Globo, 2005). Escreve crônicas e reportagens para diversos veículos e tem uma coluna quinzenal no caderno Metrópole, do jornal *O Estado de S. Paulo*.

Caco Galhardo é paulistano e publica desde 1996 sua tira diária no jornal *Folha de S.Paulo*. Tem seis livros publicados – duas coletâneas, dois infantis, uma adaptação de clássico e outro em parceria com o escritor Marcelo Mirisola. Seus trabalhos são frequentemente publicados por revistas como *Você s/a*, *Sexy*, *Gloss* e *Piauí* e alguns de seus personagens já viraram animações nos canais MTV e Cartoon Network. Seu trabalho mais recente, o texto da peça *Meninas da loja*, tem estreia prevista para 2010.

Fabrício Corsaletti formou-se em Letras pela USP e publicou, pela Companhia das Letras, os volumes de poesia *Estudos para o seu corpo* (2007) e *Esquimó* (2010). Também é autor dos livros infantis *Zoo* (Hedra, 2005) e *Zoo Zureta* (Companhia das Letras, 2010), das histórias de *King Kong e cervejas* (Companhia das Letras, 2008) e do romance *Golpe de ar* (Editora 34, 2009).

Flávia Fontes Oliveira formou-se em jornalismo pela Universidade Estadual Paulista (Unesp) e é mestre em Comunicação pela Pontifícia Universidade Católica (PUC-SP). Atualmente é coordenadora dos programas Educativos e de Memória da São Paulo Companhia de Dança. Escreveu sobre dança para o caderno Fim de Semana, da *Gazeta Mercantil*, de 1996 a 2000, e colaborou com matérias sobre dança para outros veículos como revista *Bravo!*, *Época*, *Cult*, site *Nominimo*. Organizou, ao lado de Inês Bogéa e Cássia Navas, o volume *Na dança* (Unidade de Formação Cultural, Imprensa Oficial, 2006).

Francisco Bosco é mestre e doutor em teoria da literatura pela Universidade Federal do Rio de Janeiro (UFRJ). Publicou os livros: *Banalogias* (Objetiva, 2007), *Dorival Caymmi* (Publifolha, 2006) e *Da amizade* (7 Letras, 2003). Organizou e apresentou o livro *Antonio Risério* (Azougue, 2009), bem como os volumes 1 e 2 de *Cultura brasileira contemporânea* (Fundação Biblioteca Nacional, 2006 e 2008, respectivamente). É colunista da revista *Cult*. Integra a comissão editorial da revista *Serrote*, do Instituto Moreira Salles.

Inês Bogéa, doutora em artes pela Universidade Estadual de Campinas (Unicamp), em 2007, é diretora da São Paulo Companhia de Dança, professora no curso de especialização da Centro Universitário Maria Antonia da USP, curadora do Festival Cultura Inglesa, documentarista e escritora. De 1989 a 2001 foi bailarina do Grupo Corpo (Belo Horizonte). Foi crítica de dança da *Folha de S.Paulo* de 2001 a 2007. Autora dos livros infantis: *O livro da dança* (Companhia das Letrinhas, 2002) e *Contos do balé* (Cosac Naify, 2007). Organizadora de: *Oito ou nove ensaios sobre o Grupo Corpo* (Cosac Naify, 2001-2007); *Espaço e corpo – guia de reeducação do movimento – Ivaldo Bertazzo* (Sesc, 2004), entre outros. É autora de documentários de dança, entre eles: *Renée Gumiel – a vida na pele* (DOCTVII, 2005), *Maria Duschenes – o espaço do movimento* (Prêmio Funarte Klauss Vianna, 2006), além das séries *Figuras da dança*, *Canteiro de obras* e *Corpo a corpo com professores* (São Paulo Companhia de Dança, 2008-2009).

Manuel da Costa Pinto, jornalista, mestre em teoria literária pela USP, editor dos programas *Letra Livre* e *Entrelinhas*, da TV Cultura, e do Guia da Folha – Livros, Discos, Filmes, assina também a seção Rodapé Literário, na *Folha de S.Paulo*. Foi editor-assistente da Edusp, editor-executivo do *Jornal da USP*, redator do caderno Mais!, da *Folha de S.Paulo*, e, de 1997 a 2003, editor da *Cult – Revista Brasileira de Literatura*. É autor de *Literatura brasileira hoje* (Publifolha, 2004), *Antologia comentada da poesia brasileira do século 21* (Publifolha, 2006), *Albert Camus – um elogio do ensaio* (Ateliê, 1998) e organizador e tradutor da antologia *A inteligência e o cadafalso e outros ensaios*, de Albert Camus (Record, 1998).

Márcia Strazzacappa é artista da dança, pedagoga e pesquisadora. Doutora em Estudos Teatrais e Coreográficos pela Universidade de Paris. Foi pesquisadora do Lume (1986-1995). Atualmente é professora e diretora associada da Faculdade de Educação da Unicamp. É membro do Laboratório de Estudos sobre Arte, Corpo e Educação (Laborarte). Tem várias publicações sobre o ensino de dança, educação e arte, dentre as quais destacam-se *Entre a arte e a docência – a formação do artista da dança* (Editora Papirus, 2008) e "A educação e a fábrica de corpos" disponível no *Scielo*.

Sandra Meyer, doutora em artes, comunicação e semiótica pela PUC-SP, é pesquisadora e professora do curso de licenciatura e bacharelado em teatro e do Programa de Pós-Graduação em Teatro (mestrado e doutorado) do Centro de Artes da Universidade do Estado de Santa Catarina. Cocoordenadora e curadora do Projeto de Extensão Tubo de Ensaio – Corpo: Cena e Debate e coordenadora do grupo de pesquisa O corpo-mente em cena: as ações físicas do ator-bailarino. Coorganizadora dos livros *Tubo de ensaio – experiências em dança e arte contemporânea* (Edição do Autor, 2006); *Coleção dança cênica I: pesquisas em dança* (Letradágua, 2008); *Seminários de dança: história em movimento – biografias e registros em dança* (Lorigraf, 2008) e *Seminários de dança: o que quer e o que pode ess[a] técnica* (Letradágua, 2009). É autora dos livros *A dança cênica em Florianópolis* (FCC, 1994) e *As metáforas do corpo em cena* (Annablume, 2009). É integrante do Conselho Municipal de Política Cultural de Florianópolis e presidente da associação cultural Instituto Meyer Filho, desde 2004.

Referências bibliográficas

ANDRADE, Carlos Drummond de. *Claro enigma*. Rio de Janeiro: Record, [1951] 1998.

_____. "Poema de sete faces". *Alguma Poesia*. Belo Horizonte: Edições Pindorama, 1930.

ARISTÓTELES. *Aristóteles*. São Paulo: Nova Cultural, 1996 (coleção Os pensadores).

ARRIGUCCI JR., Davi. *Enigma e comentário*. São Paulo: Companhia das Letras, 1987.

BALANCHINE, George. "Marginal notes on the dance". In: SORRELL, Walter. *The dance has many faces*. New York: Columbia University Press, 1966.

BANES, Sally. *Dancing women. Female bodies on stage*. New York: Routledge, 1998.

BARBA, Eugenio e SAVARESE, Nicola. *A arte secreta do ator – dicionário de antropologia teatral*. Campinas: Hucitec, Unicamp, 1995.

BARROS, Manoel de. *O livro das ignorãças*. Rio de Janeiro: Record, 1993.

BENJAMIM, Walter. "A imagem de Proust." *Mágia e técnica, arte e política*. São Paulo: Brasiliense, 1985.

BERARDINELLI, Alfonso. *Da poesia à prosa*. São Paulo: Cosac Naify, 2007.

BERNARD, Michel. *De la création chorégraphique*. Paris: CND, 2001.

BOGART, Anne. *A director prepares. Seven essays on art and theatre*. New York: Routledge, 2001.

BOGÉA, Inês (org.). *Primeira estação. Ensaios sobre a São Paulo Companhia de Dança*. São Paulo: Imprensa Oficial, São Paulo Companhia de Dança, 2009.

BURKE, Edmund. *A philosophical enquiry into the origin of our ideas about the sublime and the beautiful*. London: University of Notre Dame Press, 1968.

CANDIDO, Antonio. *Formação da literatura brasileira (momentos decisivos)*. São Paulo: Martins Fontes, 1964.

_____. *O discurso e a cidade*. São Paulo: Duas Cidades, 1998.

CARLSON, Marvin. *Teorias do teatro. Estudo histórico-crítico, dos gregos à atualidade*. São Paulo: Editora da Unesp, 1997.

CERBINO, Beatriz. "Dança e memória: usos que o presente faz do passado". In: BOGÉA, Inês (org.). *Primeira estação. Ensaios sobre a São Paulo Companhia de Dança*. São Paulo: Imprensa Oficial, São Paulo Companhia de Dança, 2009.

COPELAND, Roger. *Merce Cunningham. The modernizing of modern dance.* New York: Routledge, 2004.

_____. *Re-thinking the thinking body: the articulate movement of Merce Cunningham. Proceedings of society of dance history scholars.* Twenty-Second Annual Conference. Mexico: University of New Mexico, 1999.

DELEUZE, Gilles. *Francis Bacon: lógica da sensação.* São Paulo: Jorge Zahar Editor, 2007.

_____. *Lógica do sentido.* São Paulo: Perspectiva, 2000.

DERRIDA, Jacques. *A escritura e a diferença.* São Paulo: Perspectiva, 1995.

FEBVRE, Michèle. *Danse contemporaine et theâtralité.* Paris: Éditions Chikon, 1995.

FERNANDES, Ciane. "A dança e seu duplo". In: BOGÉA, Inês (org.). *Primeira estação. Ensaios sobre a São Paulo Companhia de Dança.* São Paulo: Imprensa Oficial, São Paulo Companhia de Dança, 2009.

FOSTER, Susan Leigh. *Reading dancing: bodies and subjects in contemporary american dance.* Los Angeles: University of California Press, 1986.

GIL, José. *Metamorfoses do corpo.* Lisboa: Relógio d'Água, 1997.

_____. *Movimento total. O corpo e a dança.* Lisboa: Relógio d'Água, 2001.

HOROSKO, Marian (org.). *Martha Graham: the evolution of her dance theory and training.* New York: Capella Books & Chicago Review Press, 1991.

HOUAISS, Antonio. *Dicionário eletrônico da língua portuguesa.* Rio de Janeiro: Objetiva, 2007 (CD-ROM).

KANDINSKY, Wassily. *Du spiritual dans l'art.* Paris: Pipe, 1912.

KRISTELLER, Paul Oskar. *Le système moderne des arts.* Nîmes: Jacqueline Chambon Éditions, 1999.

LEHMANN, Hans-Thies. *Teatro pós-dramático.* São Paulo: Cosac Naify, 2007.

LEVINSON, André. *1929 – Danse d'aujourd'hui.* Paris: Actes Sud, 1990.

MEZZANOTTE, Ricardo. *Phaidon book of the ballet.* London: Phaidon Publishers, 1979.

MONTEIRO, Marianna. *Noverre. Cartas sobre a dança.* São Paulo: Edusp, Fapesp, 1998.

NIETZSCHE, Friedrich. *Crepúsculo dos ídolos.* Rio de Janeiro: Relume Dumará, 2000.

NIKITIN, Vadim. "Uvas nas sapatilhas". In: BOGÉA, Inês (org.). *Primeira estação. Ensaios sobre a São Paulo Companhia de Dança.* São Paulo: Imprensa Oficial, São Paulo Companhia de Dança, 2009.

NUNES, Sandra Meyer. "*Viewpoints* e Suzuki: pontos de vista sobre percepção e ação no treinamento do ator". In: ANDRADE, Milton; BELTRAME, Valmor (orgs.). *Poéticas teatrais: Territórios de passagem.* Florianópolis: Design Editora, Fapesc, 2008.

OMAR, Arthur. *Antropologia da face gloriosa.* São Paulo: Cosac Naify, 1997.

PAVIS, Patrice. *Dicionário de teatro*. São Paulo: Perspectiva, 1999.

PORCHER, Louis. *Educação artística: luxo ou necessidade?*. São Paulo: Summus, 1987.

RAMOS, Luis Fernando. "Por uma teoria contemporânea do espetáculo: mimese e desempenho espetacular". In: *Urdimento – Revista de Estudos em Artes Cênicas*. Florianópolis: Udesc, 2009.

SASPORTES, José. *Pensar a dança. A reflexão estética de Mallarmé a Cocteau*. Rio de Janeiro: Imprensa Nacional, 1983.

SCHILLER, Friedrich. *A educação estética do homem*. São Paulo: Iluminuras, 2002.

SELLAMI-VIÑAS, Anne Marie. *L'écriture du corps en scène. Une poétique du mouvement*. Paris: Tese de Doutorado (D'État et Lettres et Sciences Humaines), Université Paris I, Panthéon, Sorbonne, 1999.

SIQUEIRA, Denise. *Corpo, comunicação e cultura*. Campinas: Editores Associados, 2006.

SOCHA, Eduardo. *Bergsonismo musical. O tempo em Bergson e a noção de forma aberta em Debussy*. São Paulo: Dissertação de Mestrado – FFLCH, Departamento de Filosofia, USP, 2009.

STRAZZACAPPA, Márcia. "Dança: um outro aspecto da/na formação estética dos indivíduos". In: *Anais da 30ª Reunião Anual da Anped*, 2007. Disponível em <www.anped.org.br>. Acesso em 15/03/2010.

SYLVESTER, David. *Entrevistas com Francis Bacon. A brutalidade dos fatos*. São Paulo: Cosac Naify, 1995.

VALÉRY, Paul. *A alma e a dança – e outros diálogos*. Rio de Janeiro: Imago, 1996.

_____. "Poesia e pensamento abstrato". In: *Variedades*. São Paulo: Iluminuras, 1999.

_____. *Degas dança desenho*. São Paulo: Cosac Naify, 2003.

_____. "Philosophie de la danse". In: *Œuvres I, Variété*. Paris: NRF/Gallimard, 1957.

VHS/DVD

Figuras da dança: Ivonice Satie, Ady Addor, Ismael Guiser, Marilena Ansaldi e Penha de Souza, com direção de Inês Bogéa e Antonio Carlos Rebesco (Pipoca); Tatiana Leskova, Luis Arrieta, Ruth Rachou, Hulda Bittencourt e Antonio Carlos Cardoso, com direção de Inês Bogéa e Sergio Roizenblit. Concepção: Inês Bogéa e Iracity Cardoso. São Paulo Companhia de Dança, 2008-2009. Documentários de 26 minutos.

Maria Duschenes – o espaço do movimento, direção Inês Bogéa e Sergio Roizenblit. Prêmio Funarte Klauss Vianna, 2006. Curta metragem 17 minutos.

Nelson Freire, direção João Moreira Salles. VideoFilmes, 2003 (102 min.).

Renée Gumiel – a vida na pele. Argumento, roteiro: Inês Bogéa; direção: Inês Bogéa e Sergio Roizenblit. DOCTVII, TV Cultura, São Paulo, 2005. Documentário 56 minutos.

REHEARSAL ROOM

ESSAYS ON SÃO PAULO COMPANHIA DE DANÇA | INÊS BOGÉA (ORG.)

TRANSLATOR IZABEL MURAT BURBRIDGE

TABLE OF CONTENTS

FOREWORD
187 Rehearsal Room | INÊS BOGÉA

ESSAYS AND FICTION
191 Movements, Words and a Tea Kettle in, Say, Santa Rita do Passa Quatro | ANTONIO PRATA

195 Rituals of Abstraction | MANUEL DA COSTA PINTO

204 Dance and Representation: Between Mimesis and Reflexibility | SANDRA MEYER

221 Textual Offering – Six Movements for São Paulo Companhia de Dança | FRANCISCO BOSCO

232 Repertoire in Movement | INÊS BOGÉA

244 Aesthetic Education through and for Dance: a Look onto the Educational Program at São Paulo Companhia de Dança | MÁRCIA STRAZZACAPPA

252 The Texture of Memory | FLÁVIA FONTES OLIVEIRA

261 Ballerinas | FABRÍCIO CORSALETTI

269 On Rehearsing and on Performing | AGNALDO FARIAS

271 *About the Authors*   274 *Bibliography*   285 *Image Credits*

Rehearsal Room
Inês Bogéa

The dance of São Paulo Companhia de Dança (SPCD) has established itself in a pre-existing space (indeed, as it would be impossible to reinvent the dance space from scratch), which it renders visible from its unique perspective – a perspective that heedfully observes the very constitution of this space. Through its activities, the company draws forth pulsations from the art of dancing, celebrating punctuations, presenting choreographic commentaries, and widening territorial borders through movement itself.

In the two years that followed the creation of the dance company, a number of remarkable meetings with creators from different fields such as literature, visual arts, music, fashion, theater and the movies have led to the construction of the spaces within spaces in which the São Paulo Companhia de Dança now recognizes its conceptual model.

The daily activities of SPCD constitute an open weave, a work in progress. The scope of these activities involves taking on countless ambivalences and challenges, arm in arm with dancers, technicians, producers and managers, among other contributors,[1] in a permanent quest for an identity within multiple contexts and styles.

1. In 2009, choreographers counted on the collaboration of several people in the creation of their designs for São Paulo Companhia de Dança: theater director Marcio Aurelio did the art direction for *Ballo*, a piece executed on music especially composed by André Mehmari; fashion designer Ronaldo Fraga designed the costumes for *Passanoite*, a ballet set to the music of Brazilian composers, played live by the string quintet Quintal Brasileiro; artists Marina Saleme and Arthur Lescher designed the posters and the program covers; cartoonists Paulo Caruso, Marcelo Cipis, Ionit Zilberman and Odilon Moraes illustrated the program leaflets distributed at performances destined for students; Antonio Prata and Agnaldo Farias contributed writings to ballet program leaflets; designers Mayumi Okuyama and Maria Cristaldi created the programs; Cyro Del Nero and Márcio Junji Sono wrote for the leaflets of the series *Corpo a Corpo com Professores*; musicians Manuel Pessoa, Benjamin Taubkin, André Mehmari and Rodolfo Paes Dias composed soundtracks for the documentaries; Eliana Caminada, Acácio Ribeiro Vallim Júnior, Fabiana Caso, Bergson Queiroz and Inês Bogéa contributed writings to the series *Figuras da Dança*; photographers João Caldas, Silvia Machado, Reginaldo Azevedo, Alceu Betti, Janete Longo, Mônica Vendramini and André Porto shot photographs of SPCD performances, and guest teachers Andréa Pivatto, Boris Storojkov, Daniela Severian, Alphonse Poulin, Léa Havas, Luis Arrieta, Renato Paroni and Simone Ferro gave instruction to dancers.

Eight works have integrated the SPCD repertoire in these two years. Four of these ballets are classical pieces – *Les Noces* (1923), by Bronislava Nijinska, *Serenade* (1935) and *Tchaikovsky Pas de Deux* (1960), by George Balanchine, and *Gnawa* (2005), by Nacho Duato –, and four are original creations – *Polígono* (2008), by Alessio Silvestrin; *Entreato* (2008), by Paulo Caldas; *Ballo* (2009), by Ricardo Scheir, and *Passanoite* (2009), by Daniela Cardim. All in all, the two seasons featured 101 dance performances that were viewed by more than 58,000 spectators in a number of Brazilian cities.

Whereas the production and circulation of ballet programs constitute the main activity of São Paulo Companhia de Dança, the idea to extend the scope of dance in different segments provided the base for the dance education and audience education programs, including lectures for teachers, performances for students, and workshops for dancers, all of which are aimed at bringing the general public closer to the dance realm. And there were also the TV shows focusing dance history and events – *Figuras da Dança* [Figures of Dance] and *Canteiro de Obras* [Work site]–, broadcasted by TV Cultura, which made the work of SPCD more easily available to tens of thousands of viewers. When giving their personal testimony about their dance careers in *Figuras da Dança* (2008-2009), Ady Addor, Antonio Carlos Cardoso, Hulda Bittencourt, Ivonice Satie (1950-2008), Ismael Guiser (1927-2008), Luis Arrieta, Marilena Ansaldi, Penha de Souza, Ruth Rachou and Tatiana Leskova disclosed a few expressive fields of this performing art. Furthermore, the dancers' statements and the images of everyday activities presented in *Canteiro de Obras* show, in retrospect, the processes of choreography design and activities conducted by São Paulo Companhia de Dança.

The rehearsal room is a place of surrender, discovery, failures, achievements, gazes, and encounters. It is a blank space filled with images, ideas, and movements of each person that visits it. This book is also a rehearsal room in the broadest sense attributable to this space. The photograph illustrations suspend time and capture glimpses that are also stored in the viewer's memory. For one year, the authors (from different walks of professional life) who contributed their essays followed closely SPCD's work activities with the objective of furthering the reflection on dance from different standpoints. As a result, this book may be viewed from three different perspectives. The impressions and insights collected during SPCD rehearsals and performances are featured in the opening essay titled "Os movimentos, as palavras e uma chaleira…" [Movements, Words and a Tea Kettle…]. In this piece, writer Antonio Prata describes his acquaintance with dance and his attempt to understand it while watching a rehearsal. A similar standpoint yielded the closing essays in the book, namely "Bailarinas" [Ballerinas], by Fabrício Corsaletti – a short story on the passage of time and on the changes that a ballerina goes through – and "Do ensaio, do espetáculo" [On the Rehearsal, on the Spectacle], by Agnaldo Farias, which brings a commentary on the dancer's relationship with dance.

A second standpoint brings to light issues related to the representation and presentation of dance, as well as to the writing about this performing art. In "Rituais de abstração" [Rituals of Abstraction], Manuel da Costa Pinto discusses dance language and its abstract, narrative and mimetic relations. In her turn, Sandra Meyer problematizes the concept of representation in dance and, from this viewpoint, looks into *Serenade*, *Les Noces*, *Polígono* and *Entreato* in her essay "Dança e representação..." [Dance and Representation...]. In "Oferenda textual..." [Textual Offering...], Francisco Bosco contextualizes the difficulty of writing about a medium with which he is not totally familiar, discusses the importance of a tradition that ponders art, and offers his thoughts on gracefulness, the body, and facial expressions in dance. The authors of these three pieces have taken Paul Valéry's essay *Dance and the Soul* as source of reference.

Making an intermission, dance switches from words to Caco Galhardo's cartoon designs, inaugurating the section "Diário ilustrado" [Illustrated Journal] that he conceived during the week he spent in the rehearsal room, drawing sketches of dancers' movements.

A third standpoint offers a close-up picture of the three main activities at SPCD, namely choreography design, dance education and viewer education programs, in addition to the TV series *Figuras da Dança*. In "Repertório em movimento" [Repertoire in Movement], I examine the 2009 choreographies and reveal the paths treaded on the development of this repertoire. In her article "Educação estética pela e para dança..." [Aesthetic Education Through and for Dance...], Márcia Strazzacappa acknowledges a comprehensive program of aesthetic education among the SPCD agenda; and Flávia Fontes provides a detailed commentary on the series *Figuras da Dança*, in "Textura da memória" [Texture of the Memory].

Not only dancers, but also the general audience, inform, set parameters for, and take part in São Paulo Companhia de Dança activities. After all, the SPCD space has been carved, day after day, by encounters, exchanges, mutual understanding and bridge-building with all types of interlocutors. Each encounter provides the occasion for pondering the place of art in terms of individual and social understanding.

Restlessness, assertiveness, investment, and resistance: dance exists in the movements of people inscribed in their own time. There is a long way ahead to the completion of a young project that requires time to decant and to process its own experience.

Continuity to be achieved with energy and vigor: this was the greatest challenge we faced in the second year of activities of São Paulo Companhia de Dança. What is yet to come will be a fruit of our current work; and, come to think of it, the work we are doing now is also a fruit of the future – the future that, joined together, we will have the courage to invent.

Movements, Words and a Tea Kettle in, Say, Santa Rita do Passa Quatro[2]
Antonio Prata

It is now 11:15AM. In a mirror-walled dance room with tall windows and black linoleum floor at Oficina Cultural Oswald de Andrade, forty one dancers silently wait for the music to begin. Outside the cultural center in the Bom Retiro district, bustling street noises mingle the roar of bus engines and bird chirping sounds, children loudly making merry at school dismissal time and voices of patrons buying textiles, clothing, Arab *sfihas*, Israeli *burekas*, and parking meter vouchers from shop owners and street vendors.

At the sound of the first note coming from the loudspeakers, dancers will begin to rehearse the choreography *Passanoite*, by Daniela Cardim, on which they have been working for weeks. Their daily routine involves early rising and taking the bus, subway or automobile to the SPCD, where they will attend six hours of dance sessions. They are salary-earning public servants with social security,[3] ballet shoes, and leg warmers paid by the government so that they can transform ideas, stories and emotions into movement.

Most Brazilians, and here I include myself, or not habitual ballet viewers. The mission of São Paulo Companhia de Dança is, therefore, to set up classical, modern and contemporary programs that will further educate an audience capable of enjoying the ideas, stories and emotions behind – as well as above, below, and to the side of – movements.

As piano chords are heard through loud speakers, a ballerina rises up on pointes, which brings up my first question: Why do ballerinas go on pointes? To look taller, perhaps? Or slenderer? Would that be an exercise of balance and force? Darn! Is it really necessary that we understand such beautiful image? Isn't it enough that it exists, so slender and lovely? No, it isn't. After all, the images are beautiful because they mean something. The flower, this most banal example of beauty, only causes an impression on us because it is the expedient means to which the plant resorts

---

2. Originally published in the 2/2009 program flyer, São Paulo Companhia de Dança.

3. The São Paulo Companhia de Dança is run by the Associação Pró-Dança, a social and cultural governmental entity.

to temporarily convince birds, insects, and young men in love to spread their pollen everywhere. The next day, it's over. Perhaps this is how it works: on her pointes, the ballerina challenges the floor, the ground, and this lowly world in which flowers wilt – and so do we. Standing up straight, the dancer helps remind us that we are vertebrate mammals, not so far removed from ferns, trouts and anteaters, and she brings us closer to the heavens, where we purportedly have kinship with the gods and where we nurture other vague hopes. Could it be that the body is her tool, but her aim is to seem incorporeal? Here the song lyrics come in handy: "from the close distance, everyone's got lice – 'cept the ballerina, so nice"?

Three male dancers surround her. They touch her, pull her towards them, rotate her in their arms, and hold her legs uplifted. Would they be courting the young woman? Would they be fighting over her? The ballerina collapses in the arms of a dancer, seemingly in surrender, but then she recovers her original posture, only to collapse again in the arms of another dancer. The music is romantic. How do I know that? What keeps me from understanding the story being told by these bodies, if I can capture the melody meaning, even without knowing anything about music? Before us human beings begin to talk, we move. Prior even to distinguishing the blurred images formed in our newborn retina, we look for the maternal breast with our mouth, hands, head and neck. Inside the womb, we are only movement. Lukewarm liquid and movement.

Two male dancers exit the stage. Only one dancer remains with the ballerina. I know from personal experience that every time many men surround a woman and she goes away with only one of them, that is because he is the chosen one. This is how it is with suitors for the hands of fairy-tale princesses; this is how it was at teenage dances. The title of this piece – *Passanoite* (literally translated in English as "Passthenight") –says it all. For sure!

Or, maybe not? The music changes. Is there suspense in the air? The ballerina lies on the floor. She seems unhappy, although I have not noticed any altercation. What leg, torso, or hip movement may have caused the duo to be cross with each other? The ballerina curls up in place. I can appreciate that, she is saddened. No one recoils out of happiness. I may know nothing about dance, but I move around, I use the same limbs, torso and head that dancers do. When I am upset, I go into isolation. When I am tense, I tend to contract my back muscles. When I laugh, my body rattles. When celebrating goals scored at soccer matches, I jump up and down, punching the air. Would dance not be built on the basis of this ordinary alphabet of gestures, just as poetry is made up with the ordinary words that we use to buy clothing or parking meter vouchers? However, anyone who only uses words for such tasks as buying parking meter vouchers or shopping for clothes will find great difficulty in understanding something like "Universe, vast universe / if I had been named Eugene / that would not be what I mean / but it would go into verse faster. / Universe, vast universe / my heart is vaster."[4]

And, if gesture is the word of dance, I am at a loss, because the poet handles the word anyway he chooses to. He squeezes it, turns it inside out, and then, sticking his hand inside it, draws out unsuspected meanings. Who knows, Daniela Cardim may very well have had the ballerina curl up precisely to show she was contented?

Now two dancers are on stage. One of them turns pirouettes and the other follows suit, with a slight delay. All that one dancer does, the other dancer imitates. Would this be dance rhyme, perhaps? And if rhyme is a type of affinity, would the two dancers be friends at play? This is also a way to spend the night, after all. Would the dancers be the suitors whom the damsel rejected, who now decided to have fun on their own? Would the spectacle feature several events that took place during a certain night?

Perhaps this would go into verse faster, despite not being what it was meant, as it occurs to me now that there may be no narrative whatsoever, both in the scene and in the entire piece. What if this is only movement? What if the two pirouetting dancers are like two stones thrown in a lake, producing ripples in parallel and concentric circles extending outward? What if they are like wind-blown leaves circling a tree top? Does movement require a script? The universe does not expand because of vanity or coveting. A river does not run because it is enraged or overexcited. Neither fury nor haste impels the Iguassu Falls. The falls are not a climax in the epopee of a water drop condensed from the steam of a tea kettle in, let's say, Santa Rita do Passa Quatro: they are sheer movement and beauty, so much so that thousands of people travel great distances to admire the spectacle.

The fact is, there is always a narrative. Even in the absence of a script for Iguassu Falls, each viewer imagines a story related to it. There are people who see the violence of Nature in the waterfalls; there are people who see harmony in the rainbow formations. There are people who stay calm before the roaring water, as if the gushing water

---

4. Andrade, Carlos Drummond de. "Seven Sided Poem" in *An Anthology of Twentieth-Century Brazilian Poetry*. In: Bishop, Elizabeth (trans.). Middletown, CT: Wesleyan University Press, 1972.

muted its own noise; and there are people who hurry back to the tour bus for fear of jumping off the cliff on impulse.

A round of applause brings me back from the cliff edge to the rehearsal room. The session is over. Dancers leave the room and I find myself alone with the ballerina on pointe challenging death; a young woman coveted by three young men; rejected her suitors; friends playing at verse; a sad woman curled up on the floor; stones thrown in the lake; a tea kettle in, say, Santa Rita do Passa Quatro; herds of Japanese tourists at Iguassu Falls, Drummond seating on a corner, and the street noises coming in through the windows. I can't wait to meet the choreographer and find out to what extent my lived experience diverged from her intentions.

Later, Daniela Cardim told me she has no script in mind when she designs a ballet piece. She takes inspiration from the music, that's all. It will be up to the audience to see whatever their hearts desire. Without a doubt, if I knew more about ballet, I would see a lot more, as for example quotations from other choreographers, and national accents from other countries; I would spot in a jump an ironical criticism of a certain school, or glimpse a view of the world from a hip twist, but that's alright. These are the early years of São Paulo Companhia de Dança, founded about two years ago. *Passanoite* is its seventh ballet; *Polígono* was the first, and *Gnawa*, the sixth. We the audience need not be anxious. At each step of those forty one dancers, we will learn to distinguish more ideas, stories and emotions behind – as well as above, below, and to the side of – movements. Oh, how nice! After all, this is what our lives are made of; this is what differentiates us from ferns, trouts and anteaters: the fact that we contemplate movements around us and impart meaning to them. Let the first chord play!

Rituals of Abstraction
Manuel da Costa Pinto

> *I am only asking you what Dance is; and each of you appears to know it individually, but to know it quite differently! One of you tells me that it is what it is, and reduces it to what we see here with our eyes; and the other maintains stoutly that it represents something, and therefore that it lies not entirely in itself, but chiefly in us. As for me, my friends, my uncertainty remains intact!*
> Paul Valéry

This aporia developed by Paul Valéry appeared in Socrates' conversations with Eryximachus and Phaedrus in *Dance and the Soul*[5] – a dialogue in which the French poet includes three characters borrowed from Plato's *Banquet*. Together with "Philosophy of the Dance" (1936) and "Degas Dance Drawing" (1934), Valéry's essay constitutes a set of reflections the substrate and purpose of which are to formulate a poetics of dance that *takes root* in dance.

That which in *Dance and the Soul* is enunciated as an uncertainty, i.e. a hesitation between metaphor and metamorphosis, in "Philosophy of the Dance" will be addressed as an assertion of the abstract purity of form.

> Yes, the dancing body seems unaware of everything else, it seems to know nothing of its surroundings. It seems to hearken to itself and only to itself [...]. For the dancer is in another world; no longer the world that takes color from our gaze, but one that she weaves with her steps and builds with her gestures. And in that world acts have no outward aim; there is no object to grasp, to attain, to repulse or to run away from, no object which puts a precise end to an action and gives movements first an outward direction and co-ordination, then a clear and definite conclusion. [...] No

---

5. Valéry, Paul. *Dance and the Soul*. Bussy, Dorothy (trans.). London: John Lehmann, 1951, p. 61.

outside world! For the dancer there is no outside... Nothing exists beyond the system she sets up by her acts.[6]

Valéry's intent is quite clear: to transform dance – this "art of human movements"[7] (as he was to state in his writings on Degas) – into a general rule of detachment (or freedom) for artistic language in relation to the functions and purposes of ordinary language. So much so that, widely disclosing his *arrière-pensée*", or ulterior motives, he even went so far as to conclude:

> I have tried to communicate a rather abstract idea of the dance and to represent it above all as an action that *derives* from ordinary, useful action, but *breaks away* from it, and finally *opposes* it. But this very general formulation [...] covers far more than the dance in the strict sense. All action which does not tend toward utility and which on the other hand can be trained, perfected, developed, may be subsumed under this simplified notion of the dance, and consequently, *all the arts can be considered as particular examples of this general idea*, since by definition all the arts imply an element of action, the *action which produces*, or else manifests, the *work*.[8]

This succinct synthesis of the French writer's thoughts on dance expounds his notion of poetics as an "anti-communicative exercise,"[9] a quest for "peaks of denial and purity, an ascetic tension oriented toward the cancellation of that which is known and given"[10] (according to expressions that Alfonso Berardinelli used in *La Poesia Verso la Prosa* [From Poetry to Prose] to define the "lyrical radicalism"[11] of modernity that had in Paul Valéry one of its fiercest advocates).

---

6. Valéry, Paul. "Philosophy of the Dance". In: Copeland, Roger and Cohen, Marshall. *What is Dance? Readings in Theory and Criticism*. Oxford: Oxford University Press, 1983, p. 61.

7. Idem, "Degas, Dance, Drawing". Burlin, Helen (trans.). New York: Lear Publishing, 1948, p. 33.

8. Idem, "Philosophy of the Dance", op. cit., p. 62-63 (Valéry's italics).

9. Berardinelli, Alfonso. "The Confines of Poetry" (translated herein). In: *La Poesia Verso la Prosa: Controversie Sulla Lirica Moderna*. Torino: Bollati Boringhieri, 1994.

10. Idem, "Four Types of Obscurity," (translated herein), p. 86.

11. Idem, "Cosmopolitism and Provincialism in Modern Poetry" (translated herein), p. 14.

Valéry not only ascertains aesthetic values of his poetics in other art forms, but also picks an art form the essential element of which – the body (which is to dance as word is to poetry, or sound is to music) – seemingly would counter its abstract aspirations to discover in it an object that denies itself so as to assert itself as another, thanks to the *cosa mentale* [mental thing] that irrigates poetry in particular and art in general.

It would not be of interest here to discuss the aesthetic pertinence of Valéry's view on dance or to confront it with other possible interpretations; however, we can use his arguments and the counter-arguments he suggests as instruments to understand a repertoire that, given its diverse research and forays into the dance realm, seem to contain the same tensions.

Les Noces, Serenade, Gnawa, Ballo, Passanoite, Entreato, Polígono. Would the performances presented by São Paulo Companhia de Dança be an attempt at harmonizing classical choreographies and foundational instances of modern ballet with contemporary trends? The mere interrelations of these works within their original historical context indicates their coexistence: on the one hand, restagings of works by Nijinska or Balanchine that integrate the ballet repertoire of the first half of the 20th century; on the other hand, contemporary choreographies such as those by Nacho Duato, Alessio Silvestrin and Paulo Caldas. Yet, would it be pertinent to mention diachronism, an evolutional development that leads from a "figurative" dance with a "script" to more abstract modalities of movement and to the attendance of the body on stage?

In one of the essays published in *First Season*, Inês Bogéa noted that, in *Serenade*, "Balanchine created plotless works in which dance would be a particular instance of relation with the world, because in this instance the body would be at once the one that feels and gives meaning."[12] In other words, his references from classical ballet, as well as citations from a certain cultural environment and its aesthetic and emotional conventions – for instance, the romantic tutu, the bluish lighting, the contrast between soloists and the corps de ballet, the compositions of geometrical formats, and the very serenade by Tchaikovsky to which the choreography was designed – would in fact fill in with visual elements a more subtle and essential cutout of movements and gestures.

Likewise, and notwithstanding a retrocession to pre-modern concepts, Nijinska's choreography for *Les Noces* – which takes roots in a wedding ritual and in Russian

---

12. Bogéa, Inês. "Future Past". In: Bogéa, Inês (org.). *First Season. Essays on São Paulo Companhia de Dança*. São Paulo: Imprensa Oficial, São Paulo Companhia de Dança, 2009, p. 101.

dances and mythology – was to present a brutally "formalist" element in the gestural analogies between body and machine, and in the shock effect brought about by Stravinsky's music, with its wedding between primitive and modern.

These examples would serve to add nuance to the initial impression, suggested by the SPCD program, of an evolutional or diachronic path, thereby validating the Valerian adage that dancing reveals a *general poetry of action of the whole human being*. According to this notion, the appropriation of the body by the dancer's preconceived gesture strips it bare and causes it to stand out from its surroundings, with its social and linguistic marks detaching it "from the ground, from reason, from the average notion of logic and common sense."[13]

However, just as modern poetics is constituted by a selection of certain values taken from the past of art, creating precursors, other modalities of creation and conception of the artistic event survive as remainders in the present. What is more, the very notion of a unified system of the arts that will allow unfettered analogies to be drawn amongst the different media (poetry, prose, music, sculpture, dance, and architecture) is charged with plentiful historicity and, therefore, cannot be generalized.

By resorting to the format of a Platonic dialogue in *Dance and the Soul*, Valéry produces a sort of "intentional anachronism": he projects an issue of modern aesthetics (the limits or even the postulate of "representation") into the context of a time the mind frame of which did not anticipate such discussion. In this manner, he "creates" the bases for yet another and less perceptible anachronism. This anachronism is reiterated in "Philosophy of the Dance", where the author addresses poetry, music, the visual arts and dance as a homogeneous set of procedures with shared aesthetic purposes and effects.

Not to mention that Baumgarten only established aesthetics as a distinct field of philosophical inquiry in the 18th century, when the modern system of the arts became aware of "techniques" that were previously detached (poetry and dance grouped next to grammar and rhetoric; music as a science based on numerical proportions and, therefore, kindred to arithmetic, geometry and astronomy; the visual arts tagging along handcrafting techniques, and so on, in a field still alien to the general concept of fine art).

And, according to Paul Oskar Kristeller (who in *The Modern System of the Arts* provides a more modular view on the old, medieval, and Renaissance fluctuations and attempts to establish a homology among all artistic practices),

---

13. Valéry, P. "Philosophy of the Dance", op. cit., p. 65.

> [...] If we want to find in classical philosophy a link between poetry, music and the fine arts, it is provided primarily by the concept of imitation (*mimesis*). Passages have been collected from the writings of Plato and Aristotle from which it appears quite clearly that they considered poetry, music, the dance, painting and sculpture as different forms of imitation.[14]

In other words, when in ancient times there were indications of an approximation, even if timid and incomplete, of said artistic languages (in their modern denotation), this approximation was due precisely to that category (the mimetic capacity, the *representation*) from which modern poetics purportedly would have become independent according to Valéry's viewpoint.

What is the purpose of this discussion in the context of a commentary on the São Paulo Companhia de Dança repertoire? The purpose is simply to try and translate the impression that, if SPCD choreographies effectively point to a purging of space and movement with a view to abstraction, the latter does not disregard the (representative and/or narrative) mimetic elements that throb residually, not only in classical creations for those of the early modernism, but also in the more than rarely renditions. This is probably to the fact that, despite having progressively become akin to other languages of the modern system of the arts in their shared quest for the emancipation of ordinary logic and language, dance conserves a few traces of its previous functions (including ritual, narrative, and illustrative) evinced to a larger or lesser degree in the program of São Paulo Companhia de Dança.

Would this not be a path that someone (like the author of these comments) should take on his/her an inaugural journey across the dance realm, without any knowledge of its grammar, or of the meaning of tradition and innovation that each movement by the corps de ballet might convey? Somehow the dance language presents the same difficulties of translation into words as the music language. Both dance and music are propped on a closed system of signs, a code far removed from the so-called "natural language" (unlike, for example, the graphic signs of which literate and lettered people may use, or the pictorial icons from the visual arts, the reference of which are broadly shared conventions on the structure of the objective world).

---

14. Kristeller, Paul Oskar. "The Modern System of the Arts." In: *Renaissance Thought and the Arts: Collected Essays*. Princeton: Princeton University Press, 1990, p. 171.

Just as one can speak of music without restricting oneself to its syntax and without falling into the positivism of traditional musicology, although striving to detect its consonances or dissonances in relation to the general language process (successions, variations, pauses, recapitulations), one can also address this "art of human movements" by making analogies to other movements and other languages than the exclusively artistic.

In that sense, if the narrative/representative character of a ballet such as *Les Noces* is more or less evident – and one cannot ignore, from stage costumes to the ritual, its ties to specific Russian cultural contexts –, in the case of *Serenade* the plot seems more "intertextual" or "metalinguistic": the figures on stage and their gestures seem to belong in coordinates recognizable in the tradition; soon, however, cuts and discontinuities take place when soloists come up amid the homogenous cluster of bodies, as instruments in the tense dialogue with the other SPCD dancers.

If it were the case of applying linguistic tropes to these two spectacles, on the one hand we would have the metaphorical sphere of *Les Noces* – a choreographic representation of other representations (anthropological, religious); on the other hand, we would have the ironies of *Serenade* – irony as a matter of acknowledging movement as expedient and as appropriation of other choreographies, and irony in relation to traces of origin and to the cultural features that are gradually dissolved so as to make real for a more pure expression, be it in the formal level (with its classical rigor), be it in the emotional level (with its dramaticism under control).

Thus far we have been discussing two ballets that refer to those codes more commonly associated with dance language. In other ballets (particularly those that inspired my thoughts presented in the text, namely *Entreato*, *Polígono* and *Gnawa*), the identification of representational elements happens in a more oblique or external manner to the syntax they describe, for this syntax seemingly parts more clearly with classical tradition and its narrative possibilities.

In *Entreato*, the initial solo choreography and the lack of a corps de ballet to set a contrast with soloists evoke independent movements, existences suspended in time and setting counterpoints not with one another (or with music), but merely with the stage space, its light markings and its geometric layout. However, this early lack of objective references is offset by the projection of the somewhat phantasmagoric image of the ballerina turning a pirouette, at times seen from above, then seen from below.

The contrast between the different planes is overwhelming, but it does not obliterate the senses or any reference. These two planes seem to describe not only two moments of the ballet (a classical one, the index of which is the rotating tutu in the footage projected on the backdrop cyclorama, and another piece, the contemporaneity of which is embodied by "urban-style" costumes[15] and by an equally urban asynchronism – in the sense of the postmodern urbis, in opposition to the notion of urban quality – of the dancers' movements), but also two temporalities: that of the body, and that of the oneiric experience.

Yet another connotation of the name *Entreato* (entr'acte, the interval between two acts of a performance) – besides the fact that the choreography was conceived to be protected between *Les Noces* and *Serenade* and that it evokes a film by René Clair (as mentioned in the program leaflet)[16] – could be the representation of the interstices of objective and subjective human living, the moment that conscious and unconscious elements expose their juxtaposition. If this reading is correct, then the choreography by Paulo Caldas revisits, through a formal contract, the mnemonic process of death itself, the recovery of contents that were left hidden (repressed?), but that remain dynamically active, in motion – just like this ballerina turning pirouettes in empirical, yet real, time.

Whereas in *Entreato* the smoothly insinuated references indicate that oneiric images and the imaginary belong in the objective world, *Polígono* possibly ranks – among all ballets in the São Paulo Companhia de Dança repertoire – as the one that most lacks reference indices. This fact would turn Alessio Silvestrin's choreography into the ultimate expression of Paul Valéry's poetic conception or dance philosophy discussed earlier on in this essay.

In this ballet, the set is built with white tulle panels, some of which mobile, which create a pure space for the purity of movements that have nothing whatsoever to do with the mimesis of ordinary body movements. Here, even Bach's composition seems to lose its contextual matte signs (akin to the conventional signs of court music) to enter a dimension in which the role of every being is to materialize the notion of counterpoint. To this end, the emphasis is on the creation of rules for the harmonious intersection of existing things, rather than on the singular beings that inhabit this "form-idea".

15. Costume design by Raquel Davidowicz. [Editor's note]
16. *Entr'acte* (1924), by René Clair (1898-1981). [Editor's note]

In this context, the setting is kindred to the lyrically bloodless abstract settings of Beckett's plays, and to the construction of the pictorial plane as ultimate horizon of visual creation (Mondrian, of course, as well as artists such as Rothko, Ad Reinhardt and principally Richard Serra, whose sculptural panels – which are eloquently similar to those in the set of *Polígono* – introduce abstraction in the public space), in which space itself is spatialized: when, in the final part of the ballet, images of performing dancers shot from above are projected onto the tulle panel in the foreground, spectators are impacted by a highly significant sensory perturbation. Would they be live images of the staged choreography, captured on camera from a different angle, or footage shot at previous presentations and then projected during the new performance, creating an illusion of simultaneity? Strictly speaking, this question is irrelevant: as indicated by its title, *Polígono* takes up a multifaceted space; however, everything beyond its coordinates – even time – refers to an *outside* of the performance, even if compressed into internal simultaneities and inconsistencies. Paraphrasing Valéry, in *Polígono* there is nothing beyond the system that dancers build through their acts.

Nothing of what has been said here about *Entreato* and *Polígono* could possibly apply to *Gnawa* – a piece that, therefore, appears to be an alien within the repertoire of São Paulo Companhia de Dança. This ritualistic ballet that bears traces of the Muslim culture is also a musical trance and offering that combines Mediterranean luminosity and a basic mastery of objects (fire, torches), thereby yielding a sense of equilibrium between sensuality and austerity. This idea is strengthened by the information (extraneous to the ballet) that the Gnawa community was formed by descendants of African slaves and traders who merged tribal traditions, dances, and cure rituals into the Islamic religion.

With its rhythms from the Maghreb, the seductiveness of *Gnawa* borders on the primitive yet it has a particular meaning within the overall SPCD repertoire. It is as if, in dance, *representation* – which is implicit in the historical enactments of *Les Noces* and *Serenade* (but not made too explicit in the performances), then becomes fluid in *Entreato*, and finally disappears in *Polígono* – had to resort to an archaizing register such as Nacho Duato's *Mediterrania* so it could be restored as narrativeness. Would this mean that *Gnawa* is a moment of denial of that process of "anti-communicative purging" and absolute lyricism that Valéry generalizes in terms of dance as a whole and that, even within its historical context, is reiterated in the performances of a contemporary group such as São Paulo Companhia de Dança?

This would hold true if such revival of "folkloric" tradition and "local color" (two expressions that have been practically banished from the handbook of modern aesthetics) were accompanied by gesturality and by similarly decorative, mimetic and archaizing movements that merely reproduced clichés of ritualistic dance. However, what we see in this ballet – which also gives origin to its *pathos* – is a procedure that consists of recuperating narrative and referential elements of a pre-modern past, and injecting them in the bloodstream of an autonomous system created by bodies in motion.

Finally, with *Gnawa*, it is as if São Paulo Companhia de Dança resorted to ritual dance to re-create rituals of abstraction, thereby actualizing Valéry's aporia: between dance as the presentation of something, and dance as a self-contained system, "my uncertainty remains intact!".

Dance and Representation: Between Mimesis and Reflexibility
Sandra Meyer

The São Paulo Companhia de Dança repertoire covers a wide range of choreographic works that involves different styles of dancing and thus challenges its dancers. For the first two years after the company's 2008 opening, the ability to move between different and sometimes disparate dance aesthetics and techniques tested the artistic endeavor of the SPCD ballet troupe. Nevertheless, the initiative enabled audiences to appreciate varying aesthetic experiences. Certain pieces were anachronistic in some ways (not in the sense of making chronological errors, such as attributing ideas and feelings from another period to a certain time or character, or representing works of art, costumes or objects unrelated to a certain period)[17] in a repertoire that includes two dance classics from the first half of the 20th century alongside contemporary pieces.

The ballets *Serenade,* by Russian master George Balanchine (1904-1983), and *Les Noces,* by Belarusian choreographer Bronislava Nijinska (1891-1972) are actualized in the bodies of SPCD dancers, whereas works by contemporary choreographers that include Alessio Silvestrin (*Polígono*), of Italy; Nacho Duato (*Gnawa*), of Spain; and Ricardo Scheir (*Ballo*), Paulo Caldas (*Entreato*) and Daniela Cardim (*Passanoite*), of Brazil, round out the company's eclectic repertoire. While featuring greatly representative ballets in such short time span (two years), the São Paulo Companhia de Dança corps de ballet has demonstrated artistic excellence, punch, and diligence.

Rather than analyzing the SPCD repertoire work by work, I prefer to look at the concept of representation, a term so dear to the theater, while striving to problematize it in the dance realm by taking four of its productions: *Serenade* and *Les Noces*, two of the world's dramaturgical references, and *Entreato* and *Polígono*, with their wealth of self-reflexive movements.

Given that the act of representing is more recurrent in theater, many people do not naturally associate it with the act of dancing; if they do so, it is often characterized by references to dancers' interpretations of different techniques related to cer-

---

17. On "anachronism," see Houaiss, Antonio. *Dicionário Eletrônico da Língua Portuguesa*. Rio de Janeiro: Objetiva, 2007 (CD-ROM).

tain vocabularies developed by their respective creators. In an attempt to examine the concept of representation in dance, I shall resort to Susan Foster's four ways in which dance represents the world,[18] namely imitation, resemblance, replication and reflection. Before taking up the problem of representation in dance and drawing attention to its specificities, I shall make a brief foray into theatrical theories and point to some issues concerning the act of representing in certain historical periods and contexts.

It is in the nature of theater and dance to produce events in the present time. This performing art flows from one moving image to another, in a succession of changing forms, with the presence of dance providing an index of its disappearance. The issues of performance and representation unfold in the ambivalence between what is taking place in real present-time and fictional time. There is performance in real time, but the actor may suggest another parallel time, that of fiction. This ambivalence takes place between actor (and dancer) in real present-time, and character (if there is one) or dramatic situation that traditionally involves representation or imitation of someone or something.

Representation and Presence

The West's notion of art as a mere copy of an ideal state, as in Plato, has powerfully permeated our understanding of the relationship between art and the world it represents. Objects we perceive on a sensory level would be mere reproductions or degradations of pure ideal forms. Plato repudiated mimetic forms: authentic artists were to pursue true reality, rather than imitation. Since the latter copied forms of nature that were already secondary rather than pure, their works were far from the truth. Aristotle differed from Plato in attributing a positive function to mimesis, and his idea of art as imitation and essentialization of lived experiences still guides much of current art. His *Poetics* sees mimesis primarily as the ability to imitate, which is intrinsic in Man from childhood.

Aristotelian concepts of dramaturgy are posed anew whenever certain rules are set for a theater scene based on maximum verisimilitude, illusionism, dramatic curve, progressive conflict through dialogues, and causal enchainment of actions. Therefore, the actor's role is stressedd as one that will prompt viewers – even those separated by the

---

18. Foster, Susan Leigh. *Reading Dancing: Bodies and Subjects in Contemporary American Dance*. Los Angeles: University of California Press, 1986.

perspective effect due to the space of the stage (especially the Italian stage) – to identify with the enacted action, through the illusion of experiencing it as entirely in the present. On closer scrutiny of the subsequent chapters of *Poetics* however, Aristotle is clearly relating imitation to the actor's selecting and elaborating on aspects taken from real-life situations, rather than merely copying them, with the aim to attain "probability or necessity": "It will be seen that the poet's function is to describe, not the thing that has happened, but a kind of thing that might happen, i.e., what is possible as being probable or necessary."[19] In other words, not as things actually are, but the way they could be. Aristotle viewed reality as a "becoming", with the material world made up of partially developed forms on their way to being improved. This is not to say, however, that Aristotle viewed the actor as having total freedom to create. In his turn, Carlson remarks that the actor should represent the "process of becoming", freeing him/her from "accidental or individual elements," and addressing the universal, which is a concern of poetry.[20]

Nevertheless, Aristotle's *Poetics* relegates the scene aspect to a secondary role in the material part – thus the minor part – of the soul of drama: the linguistic text. The hegemony of text and the word, pursuing an aesthetic of imitation, has marked the entire evolution of Western theater. In a classical sense, representation in theater enables it "to make present, at the moment of stage presentation, that which existed at another time in a text or theater tradition."[21] But in contemporary theater, the act of representing is not restricted to the renewal of something prior to it, but to creating the scenic event in the very instant of the act of its presentation. This *present of representation* shows the scene as a unique event, "a construction that refers to itself (like the poetic sign) and does not imitate a world of ideas."[22]

It was not until the 20th century that Western theatrical representation broke away from a merely imitative and reproductive approach to literary texts. From this new perspective, the body of the actor or dancer, long shaped to imitate and signify, became increasingly characterized by its own presence, and less by signifying content.

---

19. Aristotle. *Poetics*. Bywater, Ingram (trans.). http://www.gutenberg.org/files/6763/6763-h/6763-h.htm, accessed on April 30, 2010.

20. Carlson, Marvin. *Theories of the Theater: A Historical and Critical Survey from the Greeks to the Present*. Ithaca: Cornell University Press, 1993, p. 17.

21. Pavis, Patrice. *Dictionary of the Theater – Terms, Concepts, and Analysis*. Toronto: Univesity of Toronto Press, 1998, p. 397.

22. Ibidem, p. 398.

The ambition of going beyond the semantic body opened up new perspectives for modern and post-dramatic theater, making the body itself and the process of its observation an "aesthetic object of the theater", less for its ability to signify, and more for its kinesthesia and instigative powers.[23]

Until the 20th century's scenic discoveries, the theory of art as a mimetic reflection of nature posed scenic representation as imitation and repetition of the world itself. This meant that representation gained some degree of independence and became established as a textual system in itself. Representation therefore only exists in this present common to actor and dancer, to the scenic space and to the space of the audience, related to a specific point of its reception, and may not be seen as just a repetition of something that was present beforehand. Each repetition involves modifying signs through a process – a semiosis process –, breaking away from the idea of repetition as reproduction of the same.

When describing a possible dance far removed from the obligation of representation and Stanislavsky's "as if" situation, in which an actor strains to get closer to a character's world by asking what the latter would do in certain circumstances, Michèle Febvre notes the effect of *presentation*.[24] Without necessarily subscribing to the mimetic play of dramatic action, dance may mobilize forces arising from the presence of bodies, which through the bias of motricity instigate recognition of energetic trajectories and physiological traits of emotional life. The corporeality expressed "is captured as substance rather than theme, bodies say no more than what they are, they are 'not in place of'."[25]

As regards the creation of the character and the dance, U.S. theater director Anne Bogart quoted master choreographer Martha Graham (1894-1991) when remarking on the American misunderstanding of the Stanislavsky system.[26] In Bogart's view, despite her being a pioneer in U.S. choreographical design, Graham's approach to creating character has never really been translated for actors in their country. To create characters in her dances – many of which were forays into the tragic realm of the Greek

---

23. Lehmann, Hans-Thies. *Postdramatic Theatre*. London: Routledge, 2006.

24. Febvre, Michèle. *Danse Contemporaine et Theâtralité*. Paris: Éditions Chikon, 1995.

25. Ibidem, p. 144.

26. Nunes, Sandra Meyer. "*Viewpoints* e Suzuki: Pontos de Vista Sobre Percepção e Ação no Treinamento do Ator". In: Andrade, Milton; Beltrame, Valmor (orgs.). *Poéticas Teatrais: Territórios de Passagem*. Florianópolis: Design Editora, Fapesc, 2008, p. 115.

theater, such as *Night Journey* (1947) and *Clytemnestra* (1958), Bogart argues that she would "deconstruct the written text into a series of gestures that expressed the emotional life behind the words".[27] Taking her technical movements destined for dancers, Graham reduced their complexity to basics as a way to show actors that movement alone could shape a character.[28] In Horosko's words,

> Rather than working from the inside out, as the famous Stanislavsky Method did, Graham emphasized working from the outside (the movement) in (the emotion). Movement could define emotion more economically than words.[29]

Bogart stated that Graham was a pioneer in the United States when it came to regarding movement as an agent of emotion and expression,[30] restoring its historical role in view of the predominant European and Russian theories in the new continent that addressed these issues, in particular the Stanislavsky method.

Dramatization traditionally refers to the structure of a literary work that mobilizes conflict between clearly identified characters and actions.[31] However, there is play between scenic resources such as costumes, set design, music, makeup and relationships between actors. The dancing body's act of representing does not necessarily arise as a product of a conventional dramatic structure, but is generated from interplay between performers and other media in an emotional dynamic whose inner scene, prompted by the latter, often eludes us.

The gradual dissolution of the concept of representation as mirroring nature may be seen in the transformations of the body in the aesthetic domain, divided in two major phases, as suggested by Anne Marie Sellami-Viñas.[32] The first is compatible with

---

27. Bogart, Anne. *A Director Prepares. Seven Essays on Art and Theatre*. New York: Routledge, 2001, p. 37-38.

28. Graham taught at The Neighborhood Playhouse School of the Theater, an important New York drama school with which she began an association in 1928.

29. Horosko, Marian (org.). *Martha Graham: The Evolution of her Dance Theory and Training*. New York: Capella Books & Chicago Review Press, 1991, p. 94.

30. Bogart, A., op. cit., p. 38.

31. Febvre, M., op. cit., p. 75.

32. Sellami-Viñas, Anne Marie. *L'Écriture du Corps en Scène. Une Poétique du Mouvement*. Paris: Doctoral dissertation (D'État et Lettres et Sciences Humaines). Université Paris I, Panthéon, Sorbonne, 1999.

17th- and 18th-century theatrical theories, and poses a view of representation focused on movement or gesture, and in the ways the latter are staged as reproduction of real life. An actor might acquire images of gestural expressions by observing models of pictorial representation (the fine arts) and the interiority of passions judged by external signs, translated by the body. Until the 19th century, hands and face were the privileged mirrors of the soul, revealing moods or expressing signifying systems. The actor's art stood midway between the arts conveyed over time (poetry and music) and the arts conveyed in space (painting and sculpture). Between the metaphors of moving statue and transitory painting, the task of an actor was to manage transitions between emblematic fixed poses.[33] Ballets were also viewed as tableaux scenes or living pictures, besides combining all the charms of painting. Each act would end as a poem, with dancers reciting it through gesture.[34] Claude-François Menestrier (1631-1705) and Jean-Georges Noverre (1727-1810) emphasized that dance would take potential for imitation further than the other arts. Since dance was a mirror to the soul in motion, its expression would be greater than a poem's wording or a painting's static images. Painting or sculpture had no more than an instant in which they could be expressed, whereas theatrical dance would have a whole succession of instants, as real motion drawing out human passions from one frame (or picture) to another. Movement is analyzed, therefore, in terms of its conforming to the objectives and rules of certain closed systems of artistic representation; it is also seen in terms of its ability to mimic human nature and states of the soul or mind. The body is seen as a response rather than a question in itself.

The second phase came in the late 19th century. The endeavor to transcend mere virtuosity and mechanism through the conquest of self-expression was heightened in the gesture of dance and theater. The body was then seen in its entirety, in which each movement affects the whole. Scenic movement was treated as a matter apart. Its expressive qualities were established not only as imitation of nature but also around identifying mechanisms intrinsic to the body as well as synesthetic and sensory repercussions arising from the study of movement instigated by educators and artists. The principles of correspondence, opposition and sequential motion proposed by François

---

33. Gotthold Ephraim Lessing addresses these issues in "Hamburg Dramaturgy" (1767) In: Roach, Joseph R. *The Player's Passion: Studies in the Science of Acting*. Toronto: Associated University Presses, 1985, p. 73.

34. Noverre, Jean-Georges. *Letters on Dancing and Ballets*. Beaumont, Cyril William (trans.). Princeton: Dance Horizons, 2009, p. 29.

Delsarte (1811-1871), the pedagogic foundations of eurhythmy in the theories of Émile Jaques-Dalcroze (1865-1950) and the study of movement developed by Rudolf Von Laban (1879-1958) as in choreutics and eukinetics, are examples of a new awareness of body and movement. These premises may be seen in the expressionist dance of Mary Wigman (1886-1973), a disciple of Laban and his principles, and the natural dance of Isadora Duncan (1878-1927), referenced in Delsartian philosophy, since the aim was no longer to "imitate" nature, as a portrait painter does for a sitter, but to "express" nature based on the artist's perception, through expression of inner impulses.

In the first half of the 20th century, the writings of Marcel Mauss (1872-1950) and the posthumous publication of the work of Marcel Jousse (1886-1961), posed the body in its relationship with the environment. The anthropological perspective broadened the previously prevailing view of the body as an instrument strictly for expressing passions. Jousse advocated the notion of man thinking with his body, through forms of gestural and verbal expressions of thought. The new science created by Jousse – Anthropology of Gesture – inserts gestural behavior in the process of human knowledge and memory. Jousse identified means of nonverbal expression and established the existence of corporal thought to designate what the body may express, either independently or alongside verbal discourse. In his turn, Mauss appreciated the body as a means of transmission of traditions arising from his classification of bodily techniques in different cultures.

During this part of the 20th century, the idea of art as imitation of nature no longer predominated in various forms of art, while the potential of abstraction was brought out by pioneering artists such as Mondrian, Malevich and Kandinsky.[35] Acquisition of technical dance skills was increasingly used to exploit the unique potential of each body, and not only on the lines of ballet, in which experience of movement was shaped by a previously encoded vocabulary.

The "crisis of representation" that transformed 20th-century art and languages was a phenomenon that involved questioning references for recording and apprehending reality. Derrida categorized representations of external reality as not being imagetic copies of the real in itself. His philosophy of "difference" emphasizes the notion that representation is not a modification of an event from an original presentation, since

---

[35]. In *Concerning the Spiritual in Art* (1912), Kandinsky presented a theory of abstraction, conceiving art as an expression of the human spirit. In this sense, form and color would provide the most effective way to attain this humanistic expression and to part with any and all literary or symbolical content.

each new repetition is already changing the sign in a process. In this sense, the theater is "as repetition of that which does not repeat itself, theater as the original repetition of difference within the conflict of forces".[36] In turn, dance – which according to Paul Valéry is "the pure act of metamorphosis" – mesmerizes viewers by challenging their senses, rendering them incapable of capturing each instant or image that suddenly changes and either does not return, or "reappears in a sequence so totally different that does not constitute a repetition."[37]

The critique of representation was one of the driving forces sustaining the artistic production of the postmodern generation of U.S. dance in the 1960s, directed especially at the way in which the creators of modernity, such as Martha Graham, conceived representation of danced movement. Yvonne Rainer, following Merce Cunningham (1919-2009), reaffirms dance as pure movement and shows us the strangeness of ordinary movement on stage. "Ordinary movements for ordinary actions. Doing tasks in real time, which means not working on their development. Doing them here and now without the effect of representation."[38] U.S. choreographers of the period were interested in movement separated from theatrical effectiveness, far removed from illusionism augmented by emotion, or by literary references.

In her attempt to cover the diversity of aesthetics or techniques, Susan Foster proposes modes of representation that point to ways the world may be perceived and abstracted through danced movement. In her view, there are gradations of mimesis in relation to the object represented on different levels – imitation, resemblance, replication and reflection, assuming that there will always be "a possible reference in any image, even if it is just a simulacrum."[39] Taken beyond the keynote of imitation, mimesis involves its own impossibility of reproducibility, and refers to the idea that "not all human actions are mimetic, and not all mimesis is necessarily imitative."[40] Mimetic

---

36. Derrida, Jacques. *Writing and Difference*. Bass, Alan (trans.). Chicago: University of Chicago Press, 1978, p. 250.

37. Sasportes, José. *Pensar a Dança. A Reflexão Estética de Mallarmé a Cocteau*. Rio de Janeiro: Imprensa Nacional, 1983, p. 76. Translated herein.

38. Febvre, M., op. cit., p. 24. Translated herein.

39. Ramos, Luís Fernando. "Por uma Teoria Contemporânea do Espetáculo: Mimese e Desempenho Espetacular". *Urdimento – Revista de Estudos em Artes Cênicas*. Florianópolis: Udesc, 2009, p. 81. Translated herein.

40. Ibidem, p. 72.

strategy in the work of accomplished dancers such as Pina Bausch (1940-2009) showed the extent to which the notion of representation as repetition of the same may be subverted by transformation and transgression, thus affecting the behavior of bodies in time and space.

From Imitation to Reflection

Foster describes her four modes of representation through specific compositional situations. If a choreographer chooses as creative subject a social situation, such as a greeting or salutation or two people meeting, selecting certain attributes of the experience of greeting somebody, or suddenly perceiving the presence of the other person would be what Foster calls resemblance. This mode of representation would appear in movement through more alert presence, or simply as a momentary pause in a phrase of movement. The awareness could be made apparent by a sudden opening of the dancer's bodily demeanor, a more alert and open carriage, or it might appear simply as a momentary pause in the phrasing of a movement."[41]

The imitation of a greeting, in contrast, would reproduce the greeting by approximating gestures of salutation as dictated by the social class, gender and attitudes toward one another. A handshake would seal proximity, from this relational perspective. By imitating things, movement tends to be more "faithful" to the object / image represented. The object to be represented may be also seen as image, not only as something externally observable. However, I would point to the view of imitation as potential creation, rather than mere reflection of the world.

In its turn, a replication would involve less focus on the social identity and more emphasis on the systematic relationship between dancers, less portrayal of attitudes and decipherable behavior and more elaboration of the interconnected feelings. Reflection would show the greeting only as an inevitable part of moving in a given space, in relation to others. Dancers would manifest no special attention to one another beyond their attention to activities in the space.[42] Many modern 20th century dances combine imitation with replicating structures in a similar way. Imitation may appear in costumes, scenography or the movement, creating historical, mythical or social references but without being restricted to such references. In her celebrated *Witch Dance*

41. Foster, S. L., op. cit., p. 67.
42. Ibidem, p. 76.

choreography (1914), the German dancer Mary Wigman's movement replicated an instinctive demonic gesturality.[43] Her exterior space was constituted as force field, together with her expressive drive, sitting, exploring her kinesphere with a mask of her own face,[44] stamping her feet on the ground, and with bursts of movement of her arms alternately outward to external space and inward to her own body. She constructed movement that did not imitate a particular social identity, but alluded to a situation, to the human condition itself, especially for women, and replicated internal conflicts in connection with the social context of her time and period. Wigman eventually stated in one of his creative moments of *Witch Dance*: "[...] there she was – the witch – the earth-bound creature with her unrestrained, naked instincts, with her insatiable lust for life, beast and woman at one and the same time."[45] Yet another example of replication can be seen in Martha Graham's movements of bodily contraction and expansion that, according to Foster,[46] replicates the interconnections of emotions by establishing a tension in the relationship between parts of the body that then radiates from the center out to the periphery, especifically between the pelvis, where the movement of bodily contraction takes place, and the rest of the torso.

In the reflexive mode of representation, movement refers to itself and tangentially touches on the outside world, thus allowing walking motion on stage to show qualities relating to the proposed theme – a greeting or a salutation – without resorting to a literal meaning. It reflects the activity of the movement itself and occasionally comes close to decipherable situations and behaviors found in the medium. The work of Martha Graham, an icon of 20th century modern dance, is seen as representational art, whereas Merce Cunningham's formalism in his rejection of the narrative structure of 1940's choreography, especially that of his teacher (Graham), is associated with non-representational art, and a reflexive mode of representation in Foster's sense. However, although Cunningham's work rejects the expressive impulse of modern dance, and sees movement as having no need of representing anything other than itself, the critic Roger Copeland

---

43. Ibidem, p. 75.

44. Rudolf Laban used the term kinesphere to designate the invisible sphere that surrounds the human body and within the periphery of which the person moves. In: Rengel, Lenira. *Dicionário Laban*. São Paulo: Annablume, 2003, p. 25.

45. Banes, Sally. *Dancing Women. Female Bodies on Stage*. New York: Routledge, 1998, p. 127.

46. Foster, S. L., op. cit., p. 73.

suggests that mimetic function remains, with just one alteration: "a shift from an older mode of mimesis to one that more accurately mirrors the complexity, simultaneity, and non-Aristotelian causality that characterize contemporary, urban life."[47] Cunningham does not offer stories about the world with beginnings-middles-and-ends, but spatial, rhythmic and relational structures that help us understand the experience of contemporary life. But the idea of imitation – from a non-Platonic and non-Aristotelian perspective – is still there.

The self-affective or self-reflexive impulse is described by Michel Bernard as one of four characteristics with which he defines the specificity of dance as art.[48] It is the constitutive desire of any expressive process in the etymological sense of the term, the return of corporeality[49] to itself. Thus, dance "exhibits and orchestrates this virtual vocality, this phantasmagoric and carnal musicality of our corporeality."[50] Michel Bernard's proposition concerning theatricality in dance interrogates us in relation to the intensive manifestations of bodies that "convert, metaphorize, and metamorphize into expression, into effects of meanings, or into theater, even one totally unrelated to a mimetic or expressive intention."[51] The body's plasticity and mobility, and its ability to refer to itself mean that each gesture holds within itself several different meanings.

What Foster calls 'reflexive' movement is described by José Gil as 'referent-less' or 'self-referring' movement in which the experience of the dancer is stripped of the representative or emotional elements as motors of movement that are often found in ballet and modern dance.[52] The conquest of self- referentiality depends on the dancer's attention to "pure" movement or more precisely, to its "grammar". "Bodily awareness is focused on energy, articulations, and movements, rather than emotions, or the images of

47. Copeland, Roger. *Merce Cunningham. The Modernizing of Modern Dance*. New York: Routledge, 2004, p. 14.

48. "The self-reflexiveness of the danced movement is combined with the dynamics of an undefined metamorphosis, a random and paradoxical play of weaving and unweaving time in a continual flow of instants and an endless, conflicting dialogue with gravity" In: Bernard, Michel. *De la Création Chorégraphique*. Paris: CND, 2001, pp. 209-210. Translated herein.

49. Bernard's notion of *corporéité temporelle* (temporal corporeality) looks beyond the dancer's corporeal autonomy on stage to view his/her body as a complex network of sensorial, motor, affective and symbolic attributes, a constellation-in-space of heterogenous energetic intensities. (Bernard, M., op. cit., p. 211).

50. Ibidem.

51. Febvre, M., op. cit., p. 47.

52. Gil, José. *Movimento Total. O Corpo e a Dança*. Lisbon: Relógio d'Agua, 2001, p. 41. Translated herein.

a narrative."[53] In this case, movement acquires an intentionality of its own and danced grammar "becomes meaning," with its own logic, as Merce Cunningham stated.[54]

José Gil speaks of a metalanguage or infralanguage on describing the "logic of meaning" that emanates from the body.[55] Infralanguage is to be understood as "a result of the process of embodiment of verbal language," and grammar absorbed by bodily movements. In the process of incorporating information from the world, the body acquires intelligence and plasticity of its own, such as knowledge of space and time, intuitions, flashes, associations that ebb in the intellect and verbal language. Infralanguage as pre-verbal language emerges concomitantly with verbal language.

Gil speaks of the mimetic potential of the body as early as in the manifestations of archaic societies. However, dancing was already translating an internal logic, representing rhythms by rhythms, forms by themselves, and articulations of infralanguage in its "pure" state. This gratuity of infragrammar, or the uselessness that Paul Valéry detected in the non-functionality of dance, comprises narrative proper to dance. The "self-sufficiency" of dance could be viewed as a challenge or a transgressional device against the significant imposition of signs; it is insinuated even in the symbolic propositions that dance may convey. Despite the choreographers' perennial illusion of "pampering" dance to make it more expressive, Valéry asserts that dance reveals its inability to convey ideas and feelings in its specific language. Through the voices of his characters in *Dance and the Soul*, Valéry speaks of the prodigious machine that is the human body, with its useful movements such as those of everyday life, and its useless movements, such as those in the spectacle of dancing – useless movements that, however, best portray the nature of the human body.[56]

Gil poses a pertinent question: "Can the body be submitted to a language?"[57] Using a taxonomy developed by the linguist Kenneth Lee Pike, Gil poses the issues raised by

---

53. Ibidem, p. 39.

54. Ibidem, p. 41.

55. Idem, *Metamorfoses do Corpo*. Lisbon: Relógio d'Água, 1997, pp. 46-47.

56. Valéry, P. *Dance and the Soul*, op. cit.

57. The attempts to establish the bases for a system of movement notations date back to 1599, with Arcangelo Tuccaro: Can the body withstand a scientific description? In those days, Tuccaro sought to get away from the mythical-magical view of dance and acrobatics, to study movements of jumping and gymnastics. (Gil, J. *Metamorfoses do Corpo*, op. cit.).

analyzing dance as language. It would be impossible to locate a boundary separating one fragment of movement from another; like phonemes, body movements slide and run into each other; the continuum cannot be cut through, there are too many intersections between segments.[58] There is no gestural unity that may easily be separated so as to create "gestics", i.e., the use body movement to communicate.

This continuum inherent in movement seems to be the locus in which effects or events operate by circulating the meanings of the dancing body. Although subjected to an objective dramatic intention, the body has its own meanings and forces that evade signic imposition. Although inscribed in a project of obvious meaning, Febvre admits that Graham's dance – and that of her peers – never fully succumbs to the imperatives of meaning.[59] She emphasizes the unavoidably self-sufficient dimension of dance, which will always leave an "in-significant" residue (a term that should indicate resistance rather than negation) whatever the institution of the dancing body and its contortions for a meaning. On the other hand, the escape from a signifying project in terms of aesthetics, such as Cunningham's, inevitably conveys propositions of meaning. A meaning that is not given, but emerges in the body-surroundings relationship. Meaning differs from signified, which is of the order of the known. As Deleuze points out, meaning is produced, it is never a beginning or an origin. "It is not something to discover, to restore, and to re-employ: it is something to produce by new machinery. It belongs to no height or depth, but rather to a surface effect, being inseparable from the surface which is its proper dimension."[60]

Noverre, writing in the 18th century, apparently realized that dance could not be confined to a mimetic model comparable to that of the theater at that time. His attempt to make ballet fit the Aristotelian model showed fissures and took him closer to the rules of poetry than drama:

> (...) however, [ballets] differ from tragedies and comedies in that the former are not subject to unity of time, place and action; but they demand absolute unity of design, so that all the scenes converge and lead to the same end. Ballet, then, is brother to poetry, it cannot support the restraint of the narrow rules of drama; those factors which

58. *Apud* ibidem.
59. Febvre, M., op.cit.
60. Deleuze, Gilles. *The Logic of Sense*. Lester, Mark (trans.). New York: Columbia University Press, 1990, p. 72.

genius imposes on works sustained by beauties of style, would completely disintegrate the composition of the ballet and deprive it of what variety wherein lies its charm.[61]

In Foster's analysis, the four modes of representation may occur simultaneously, and most choreographic works will contain more than one. Imitation in ballet, often taking the form of pantomime, coexists with long reflexive sequences in which the range of movements from the classical dance repertoire takes over. Then come coded steps interspersed with gestures of affection between dancers. In addition to an emphasis on physicality in general, dance develops its own world of motor references, presenting a grammar the reflectivity of which speaks of the world tangentially, and comprises syntax appropriate to each technique / aesthetic. The image of a dancer performing an arabesque or pirouette illustrates this point of view.

As Foster points out, imitation may also occur within a reflexive structure. In Cunningham's choreographies, for instance, a dancer sometimes offers a hand to another dancer, as if to say, "Come, let us dance together."[62] But imitative gestures occur so rarely and unpredictably in his compositions that they merely remind viewers that dance – if it is about anything in the real world – has to do with the articulated repertoire of movements of the human body.[63] In Simone Forti's words, Cunningham was a 'master of adult, isolated articulations', who dissected the body and its analytic intelligence to come close to a linguistic articulation. In a distinctively contemporary manner, he presented the human body as having intelligence, turning away from the quest for unity that modern dance pursued at the turn of the 20th century.[64]

Non-figurative Figures of Dance

Remnants of an aesthetic that combines pure dance with pantomime, imitation with reflexive movement, *Les Noces* and *Serenade* demonstrate the innovative forms of representation in classical dance proposed by Nijinska and Balanchine respectively,

---

61. Noverre, op. cit., p. 53.
62. Foster, S. L., op.cit., p. 75.
63. Ibidem, p. 76.
64. *Apud* Copeland, Roger. *Re-thinking the Thinking Body: The Articulate Movement of Merce Cunningham*. Proceedings of Society of Dance History Scholars. 22nd Annual Conference. Albuquerque: University of New Mexico, 1999.

acting as avant-garde pieces in their period. Balanchine combines reflexive movement with rarefied doses of imitation. Like other Balanchine pieces, *Serenade* is a non-narrative ballet without characters, but it inevitably creates humanistic meanings (rather than signifieds) in the precise and dynamic spatial-temporal displacements of the corps de ballet. In *Serenade*, meaning emerges from movement as such. The piece incorporates everyday events from rehearsals, such as one dancer's lateness or another's fall,[65] intervening subtly and at specific times in the reflexive pattern largely retained in the choreographic staging. On referring to *Agon*, created in 1957, Balanchine clarifies this issue: "Storyless is not abstract. Two dancers on the stage are enough material for a story for me, they are already a story in themselves."[66]

Even if the artist does not devise intentionally any logical associations, the tendency to interpret his work comes from the fact that "people like to try and find a story in art and are rather starved of stories in the art of our time, so that, when they find an art like [Bacon's], it's a great temptation to weave stories,"[67] Sylvester said when commenting the work of Irish-born British painter Francis Bacon, describing it as a sort of painting that represents a non-figurative figure. In any event, "figures" of dance in actual movement suggest images that can hardly avoid leading to some kind of narrative, even if it is not linear, illustrative, or dramatized. The figurative (representation) implies the relationship of an image to an object that it is supposed to illustrate; but it also implies the relationship of an image to other images in a composite whole. Narration is the correlate of illustration. As Deleuze points out, the problem is more complicated than this:

> Is there not another type of relationship between Figures, one that would not be narrative and from which no figuration would follow? Diverse Figures that would spring from the same fact, that would belong to one and the same unique fact rather than telling a story or referring to different objects in a figurative whole?

65. *Serenade* was the first ballet that Balanchine choreographed for the School of American Ballet. The choreographer taught a ballet class in stage technique as a way to teach students just how dancing on stage differs from class work. See: "Future Past". In: Bogéa, I. (org.), op. cit., p. 267.

66. Balanchine, George. "Marginal Notes on the Dance". In: Sorrell, Walter. *The Dance Has Many Faces*. New York: Columbia University Press, 1996, p. 99.

67. Bacon *apud* Sylvester, David. *Interviews with Francis Bacon. The brutality of fact*. New York: Thames & Hudson, 2009, p. 82.

Nonnarrative relationships between Figures, and nonillustrative relationships between the Figures and the fact?[68]

Painting in general has two ways of escaping the figurative: toward pure form, through abstraction; or toward the purely figural, through extraction or isolation. If the artist opts for the second path, it will be easy "to oppose the figural to the figurative in an abstract manner,"[69] as found in the oeuvre of Francis Bacon. In *Les Noces*, Nijinska draws forms and lines with her human figures, in interrelations that create a "quasi-narrative."[70] There is the wedding celebration of course, but this is not a case of the typical gestural structure of a social event of this nature; all the elements comprising the scene are stylized, especially the collectively danced choreographic structures. Heavy movements and strong accents, closed fists and dancers moving in unison in various groupings and situations, all emphasizing the ritualistic character of the ceremony inspired by similar events from Russian folk culture in the pre-Soviet period, while not merely reproducing them. *Les Noces* combines similitude and reflection in ways of representation that embody not a gaily festive celebration, but a powerful, abstract evocation of the weighty social forces that emerged from the Russian Revolution.[71] When Stravinsky wrote the score in 1912, his intent was not to dramatize a wedding ceremony, but to use it as a distillation of Russia's rich socio-religious folk culture.[72] Like Stravinsky, Nijinska's approach to the wedding scene was one of attaining abstraction through reduction. Choreography was to "speak" through movement alone, rather than resort to pantomime, a means of expression frequently used in ballet at the time.[73] Abstract gestures would be stripped of definite meaning, "translatable to articulated language: but not thence perceived as if they had meaning."[74]

---

68. Deleuze, G. *Francis Bacon: The Logic of Sensation*. Smith, Daniel W. (trans.). New York: Continuum, 2003, p. 6.

69. Ibidem, p. 79.

70. Bogéa, I. "Future Past", op. cit., p. 264.

71. Banes, Sally. *Dancing Women. Female Bodies on Stage*. New York: Routledge, 1998, p. 108.

72. *Apud* Banes, S., op. cit., p. 108.

73. Nijinska declared: "[...] Pantomime was alien to me and I had no use for stage props." *Apud* Banes, op. cit., p. 111.

74. Gil, J. *Movimento Total*, op. cit., p. 104. Translated herein.

I would mention another two pieces from the repertoire to give examples of reflexibility as representational model: *Entreato* by Paulo Caldas, and *Polígono* by Alessio Silvestrin. Caldas's interest in "dramaturgy of the physical and abstract aspects in dance,"[75] already shown in his other creative works, is also found in *Entreato*. The contemporary, mobile and spiral structure of the danced movements features an anachronistic finishing in the extremes of the upper limbs, hands mimicking *Hasta Mudras* gestures from Indian classical dance, while a screen in the background shows images shot from above of a classical Western ballerina wearing a tutu and compulsively spinning around her own axis. The meaning of each *mudra* is de-semanticized, prompting a displacement that greatly appreciates Caldas' refined choreographic notations. We see a transliteration of manual forms invigorating the precise lines of performers' arms and other corporeal spaces, almost like hieroglyphics we are unable to unveil, but do not therefore cease to learn. Everything I feel becomes a matter of mind, as Fernando Pessoa would say.

Like *Entreato*, *Polígono* also surrounds us with sinuous exponential movement, reminding us of the power of the dancing body. Dynamics emerging from the twisted torso pose oppositions between various parts of the body, the intelligent articulations mentioned by Simone Forti. There is so much information *Polígono* articulates by weaving and un-weaving time and space that no attempt to establish a narrative is needed. However, as Francis Bacon eventually foretold, "a story always slips into, or tends to slip into, the space between two figures in order to animate the illustrated whole."[76] Viewers eager to order their perceptions of knowledge, and of what is known, will always attribute a meaning – although a fleeting one – that is in some way related to their life experience and artistic repertoire. The role of the artist role is to generously open up a space for the inevitable workings of the Other's imagination.

---

75. Siqueira, Denise. *Corpo, Comunicação e Cultura*. Campinas: Editores Associados, 2006, p. 149. Translated herein.

76. Bacon, F. *apud* Deleuze, G, op. cit. p. 6.

Textual Offering – Six Movements for São Paulo Companhia de Dança
Francisco Bosco

Warming Up

On receiving a commission to write a piece on the work of the São Paulo Companhia de Dança, my first reaction was to refuse it. Not knowing anything but the barest of outlines of the history of dance, I lacked the usual tools required for writing: I was largely uninformed of theoretical discussion of dance as a language, I lacked even a minimally detailed vision of the development from classic to contemporary, and had never even examined the choreographers I liked most – in short, I never viewed dance as an issue (an issue, by the way, is not a question, in the interrogative sense: an issue is the philosophical status of a question).

On the other hand, I thought to myself (and my refusal immediately turned into hesitation), being firmly founded on discursivity has not been a characteristic feature of my work. I am basically a semiotician, but "semiology" and "foundation" are two words that do not sit well together. Semiology is defined by negativity: being derived from linguistics, it lacks a conceptual network to develop into a tradition, nor does it pose an object of study. Semiology is the science of signs, but anything may be a sign, so its object of study is potentially anything and everything. However, my writing had always focused on discursive contexts in which I do have tools with which to compose a vision: culture, literature, song, some history, some sociology, existence in the existential sense. In principle, I see dance as an object of study lacking context, or having fragile and insufficient context. Thus the pendulum swung back toward a "no". Incidentally, on the issue of artistic commissions in general: it would be wrong to see the matter in terms of absence of inspiration, or an inner state of mind (the source of a supposed authenticity of art) when a commission is assigned to an outsider – the real problem arising from a commission is that no *encounter* is assured. The Deleuzian notion of *encounter* refers to the moment the possibility of writing arises, a kind of glimpse of transfiguration of the object, a hazy impression of an idea (which Deleuze says has to be matured, comprised from different horizons, to then produce a vision from insight).

Without *encounter* (assuming it takes place in the right context), without the tools that usually favor encounter – on what basis could I accept such a commission?

(A similar situation, I might add, to that of the bride and groom about to be married to total strangers in *Les Noces*.) I will answer this below. But first I would like to emphasize the problematic and discouraging aspect of a commission in this case, because it is from such a reflection that the proposal for this piece of writing emerged.

The more usual outcome when a commission is assigned to an outsider, is that the text will be "impressionistic," a term used to designate for example some literary criticism of the late 19th century, prior to the 20th-century materialistic revolution, and the shift from formalism to the structuralism. An uninformed outsider surrenders to his/her own impressions. But this practice should not be described as criticism strictly speaking. Barthes said that only the reader may desire the work: the critic must desire his own writing. This means that the transition from reader to critic implies autonomy of a critical text in relation to the work, which, however, obviously remains bound to the latter, illuminating it, and transfiguring it. Impressionism provides no more than an evanescent reflection of a work and falls short of vision. It is threadbare in terms of economy of meaning, flaccid and, in a word, idle (I have nothing against idleness; in fact, it must be preserved and kept away from work). Finally, impressionism ascribes readers the role of voyeurs. However, inveterate scopophiles need not get excited: this kind of voyeurism is a letdown, nothing interesting is going on through the keyhole.

So what can one do?

The only solution that occurred to me was a kind of inversion of meaning: rather than starting from within (the language of dance) and moving outward (drawing meanings from it), I would progress from outside (from the different discursive horizons enabling me to produce tighter and more dynamic meaning) and then move inward (turning these different contexts toward formulation of issues relating to dance and specifically the work of the São Paulo Companhia de Dança). Rather in the manner of Vadim Nikitin's fine essay for the first book on SPCD ("Grapes on Ballet Shoes"),[77] but lacking his critical, theoretical, historical and poetic repertoire in relation to dance (a repertoire largely brought in on an ad hoc basis, one feels, since the essay is not situated within the language of dance), not to mention his elegant composition.

Having ended this preamble, this justification for method, or to remain within the metaphors of the field of dance, this warm-up (or tune-up for the orchestra, as

---

77. Nikitin, Vadim. "Grapes on Ballet Shoes". In: Bogéa, I. (org.)., op. cit.

Marcelo Coelho notes in his piece for the first book on the dance troupe), we move on to the questions as such. These are the best I can offer the SPCD and its readers, which does not mean they are good – my possible answer to a vision that is as much thrilling (to use Valéry's Athikte epithet [78]) as it is dazzling, and as revealing as (to my language) opaque and non-unfoldable.

1. Dance System

Now I can reveal what most motivated me to accept the commission to write about (or for) São Paulo Companhia de Dança. Even before watching the first performance, I realized that the SPCD project had an inspiring and exemplary meaning for me. In my opinion, Brazil's greatest artistic and cultural achievements (and from which we expect a corresponding civilizing aspect) are those capable of combining competence and originality. Not making an alibi of the unique and unfortunate aspects of our nation building process, but not making a trauma of it either. Being able to start with this process (because it contains the singularity aspects and virtues germane thereto), but doing so from a modernizing standpoint in an international and contemporary dialogue, requiring rigor too. As did Machado de Assis, as did great Brazilian soccer players and teams, or Guimarães Rosa, or bossa-nova, or the Tropicalia movement, among many others.

Well, it seems to me that the mission of São Paulo Companhia de Dança involves taking competence with a clearly defined purpose to an unusual extreme for Brazil. Where does one recognize competence if not in a kind of totality, in simultaneous use of multiple complementary efforts, all performed with excellence? Of course, SPCD is also involved in memory collection at the same time, since it is consolidating and disseminating a Brazilian dance tradition (through the DVD series *Figuras da Dança*); as rigorously as possible restaging the canonical repertoire of Western dance, from classical to modern and contemporary (in order to establish the landmark traditions of its language in relation to all other instances of dance in Brazil – performers and viewers, laymen and specialists); producing exclusive works (as consistent and creative offshoots of its work in relation to tradition); educating the viewing public (through open rehearsals, activities with teachers etc.); training dancers (who come into contact with new techniques, new works, new thinking, a whole new field of

---

78. Valéry, P. *Dance and the Soul*, op. cit., p. 31.

possibilities previously unknown); and, as in this case, critical and / or theoretical analysis of dance.

All this comprises something of a dance system, in precisely the way Antonio Candido uses the term "literary system", (a notion much misunderstood by most critics of *Formação da Literatura Brasileira*).[79] Candido wrote that one could only speak of a true literary system if, among other things, a [nation or country] had built a literary tradition of its own: "Literature has reached maturity when a writer working on his or her language and subjects may draw upon the example of previous writers from his own country."[80] Similarly, one of the tasks posed for SPCD was to strengthen this tradition by registering the work of some of its leading figures while contributing to its further development by staging new works. Among other duties, it must develop its audiences and sharpen their judgment, and raise the technical level of dancers, etc. and must intensively galvanize Brazil's dance system (which, correct me if I'm wrong, already boasts its own original creators and creations, perhaps even its own body grammar, but is lacking a certain organicity).

2. Gracefulness and Freedom

I would now like to pose an issue for dancers, choreographers and students of dance. This might start with the following issue: Where does a dancer's freedom reside in his/her experience at dancing? Let us look into this question.

It is a fact that a dancing body is a body free of any utilitarian regime subordinating its movements to any particular purpose, thus alienating them. This is one of the characteristics of gracefulness that Bergson views as the "interruption of a laborious relation with the world, the imaginary suspension of the realm of necessity and inertia."[81] In other words, according to Bergson's commentator Eduardo Socha,

> The simplicity of movement lies in its apparent lack of teleology: the option for curves and undulating displacement of gesture, instead of opting for brusque, rectilinear, efficient actions, confirm the spirit's distancing in relation to any functionality

---

79. See Candido, Antonio. *Formação da Literatura Brasileira (Momentos Decisivos)*. São Paulo: Martins Fontes, 1964.

80. Interview that Antonio Candido gave to the newspaper *Zero Hora*, October 24, 2009.

81. *Apud* Socha, Eduardo. *Bergsonismo Musical. O Tempo em Bergson e a Noção de Forma Aberta em Debussy*. São Paulo: Master's degree thesis – FFLCH, Philosophy Department, USP, 2009. Translated herein.

of the movement thus engendered. On the contrary, the functional gesture imposes a certain economy of movement so that it can effectively fulfill the purpose that it is external to it.[82]

Possibly this was the source of Valery's well known comparison between poetry and dance, both intransitive and de-alienating – the former, of language, and the latter, of the body.[83]

However, an equally well-known and fundamental definition of gracefulness comes from the philosopher Edmund Burke's remarkable *Philosophical Enquiry into the Origin of Our Ideas of the Sublime and the Beautiful*: "To be graceful, it is requisite that there be no appearance of difficulty".[84] Gracefulness arises from apparent ease, effortlessness, lightness. But note that Burke speaks only of "apparent" ease. Classical ballet is known for its dialectic of gracefulness and gravity, ascesis and lightness, in which delicate slippers conceal feet almost as crushed as the lotus feet of Chinese women of old. Classical music proceeds similarly. This now enables us to enunciate an initial aspect of the question: does gracefulness necessarily depend on gravity? Can there be gracefulness outside of this dialectic? In a scene of filmmaker João Moreira Salles' documentary on Nelson Freire, the great Brazilian pianist is elatedly watching a piano jazz performance on TV. In view of Freire's obvious excitement over the jazz pianist, Salles asks: "Do you feel happy when you're playing?"[85] Freire's (non-) response is just a noncommittal look, perhaps indicating the impossibility of answering the question. All the contrite part of the dialectic vanishes when it is time to perform, giving way to gracefulness alone, but how does this look to the eyes of the audience? Does all freedom depend on ascesis? Or is there pure, non-dialectical, totally spontaneous gracefulness? The answer may be hidden – or revealed – in the video clip in which Michael Jackson performs under a sparkling disco ball to the sound of "Rock with you".

82. Ibidem, 122.

83. See Valéry, P. "Poetry and Abstract Thought". In: *Poetry in Theory: An Anthology 1900-2000*. Malden: Wiley-Blackwell Publishing, 2000, p. 237-244.

84. Burke, Edmund. *A Philosophical Enquiry into the Origin of Our Ideas About the Sublime and the Beautiful*. London: University of Notre Dame Press, 1968, p. 119.

85. See the documentary *Nelson Freire*, directed by João Moreira Salles. VideoFilmes, 2003.

3. Body and Freedom

But I fear that this path has led us to an aporia. Let us head in a different direction, which I think will be more fruitful.

Barthes poses an interesting definition of *the body* as that which is most singular and irreducible in a subject. In art, every great work is the product of a body, and its unique set of obsessions, fantasies, and urges comprising what we usually call *style*. In contrast, the discourse of science, for example, is disembodied; it is a discourse of objectivity, as is that of power, which based on repeated slogans, uniform meanings, but also formal attempts of art that do not go beyond the stage of clichés, stereotypes, and fail to reach singularity or difference. For the artist or dancer, perhaps one could say that freedom lies in the full assumption of this body, the transformation of symptom to style (from a certain point, the work of Barthes becomes a vehement demand for this same freedom in theoretical discourse, then subjected to repression of the body, exclusive territory of art).

Therefore, I now ask: in a group dance, in which the effect of uniformity is important, or even in the performance of movements dictated by a choreographer, where does freedom – or the body of a dancer, in the sense posed above – reside? Do dancers reinterpret the body of the choreographer in terms of their own body, or is the choreographer the only one to pursue the creation of a body (paradoxically, he/she being the only one – oftentimes – not dancing)?

4. Neutral, Transitive and Intransitive

Watching SPCD performances, I see dancers generally keeping an inscrutable countenance, as expressionless as possible. But dancers occasionally smile and sometimes use their faces to interpret passages of the choreography, making it a semantic dimension that at times signifies perplexity, other times less determinate sensations or affections, possibly more hybrid and obscure, but that in any event will always produce a semantic double of the body.

This leads to another question: do dancers and choreographers ponder their facial expressions in dance? This is an important issue, given its aesthetic consequence.

We may build a typology in which there are three types of faces in dance: neutral, transitive and intransitive. Neutral is ideally impersonal, annulling the semantic potential of the face in favor of the exclusive expression of the dancing body. It bears analogy to reading a poem aloud while speaking in a strictly non-interpretive, nondramatic manner, so that the meanings of a piece of writing arise from such absolute transparency.

Its opposite is a transitive semblance, one that says something, thereby projecting something of a shadow, like a non-material semantic double of the dancing body. Pursuing the previous comparison, this transitive manner par excellence is one in which actors read poems aloud (which is why they are the world's worst poetry readers). In both cases, in dance as well as in poetry, interpretation is an aesthetic drainage, since by reduzing poetry it determines an indefinite plurality (or even a negation of the semantic aspect, in the case of dance), and it does it through a kind of duplication, which thus disperses what was previously concentrated in one place (the body, writing). This double is a viscous something that adheres or sticks – and in me, at least, prompts a feeling of aesthetic nausea.

Finally, there is the intransitive face. This is a face that may become expression, communicate a sensation or affection, but nevertheless not aim to be semantic. For example, this expression is what Cuban salsa dancers call *gozadera*, which is also usually seen on the faces of those dancing samba: a smile that does not signify that you are actually smiling, not a semantic double, but an extension of the body in the face, which also becomes movement, expressing only the joy of actualizing a potentiality, its pure intransitiveness, which does not signify anything, or double anything, or comment on anything. It might be objected that a samba dancer will sometimes wear a face that denotes "cunningness" or "craftiness", or the ethos of samba; indeed, but that's something else, it is the face as minor transitive theatre, as noted above. The intransitive face is what Arthur Omar rendered in his series of portraits *Antropologia da Face Gloriosa* [Anthropology of the Glorious Face],[86] where "glorious" means devoid of moral content: the glory of ecstasy, intransivity, irrational joy, communion with motion, the experience of having one's body changed into meaning, meaningless meaning. Here the comparison with poetry ends, since the latter is doomed to being semantic (and trying to escape this fate would be even worse). In other words, poetry is doomed to the transformation of real into reality, the "transitivation" of human experience, so to speak.

---

86. Omar, Arthur. *Antropologia da Face Gloriosa*. São Paulo: Cosac Naify, 1997.

5. Two But No Double

In her essay "Future Past,"[87] Inês Bogéa refers to two quotes from Nijinska and Balanchine: "If you could close your ears you could still hear the music – you could see the music," the former said; "See the music and hear the dancing," the latter stated. Clearly, what is involved here is not romantic synesthesia induced by opium or absinthe, or the field of Baudelairean *correspondances*. Rather, these lines are situated at the center of a dance language theory.

Verbal language is the location par excellence of the symbol. Semantics is its higher power, its calling (which silences the real by trying to communicate it: the result of this is reality). For this reason, literature has always been a double of the world, as long as the original is understood to be inaccessible to language: as Artaud would say, the speaking subject, *le parlant*, is a split subject, *le partant*. This truly tragic weakness of the word is what detains the greater power to found reality – a miraculous power that is a constitutive feature of humanity. Literature has the power to penetrate reality, to illuminate its invisible relationships and structures, in a way that no other language can. Poetry, with its isomorphic experience of meaning, may provide insights into reality, allowing glimpses of the "machinery of the world" mentioned by Drummond[88] (not to be mistaken for the mechanism of reality); poetry, as another poet has stated, is a gateway into existence through the arts of rhythm and image.

Pursuing this very brief, rather irresponsible and somewhat anachronistic comparison between the arts, one might say that music, unlike spoken language, belongs with the arts most closely related to reality, or immediacy. Music reveals an insurmountable resistance to symbols. Clearly, any listener may translate music in terms of recognized affections and thus convey them into verbal language; but the feeling involved is still – initially – that of an immediate experience. This is why, in my view, Nietzsche wrote "without music life would be a mistake."[89] Music is part of the order of reality, and reality does not make mistakes – being mistaken is of the order of reality, the reality of the word, and the word is constitutionally wrong (as noted by Valéry's Eryximachus,

---

87. Bogéa, I. "Future Past", op. cit., p. 264 and 269.

88. I refer to Carlos Drummond de Andrade's poem "A Máquina do Mundo", published in the book *Claro Enigma*, in 1951.

89. Nietzsche, Friedrich. *Twilight of the Idols: Or How to Philosophize with a Hammer*. Large, Duncan (trans.). New York: Oxford University Press, 1998, p. 9.

to whom I shall return below: "Reason seems to me sometimes the faculty our soul has of understanding nothing whatever about our body!"[90]).

Along with painting, the language of the body is perhaps the most ambiguous and ambivalent of all. Just as painting has the ability to "represent" reality (and it did so up until the late 19th century) and create a distinct and non-representative language for itself, like in the 20th-century adventure, the arts of the body range from the extremes, from pantomime (the body transformed into double of reality), to dance, which was designed, in the words of Inês Bogéa in relation to *Serenade*, as irreducibly "the exploration of space by bodies in motion."[91]

There is indeed a whole theory of dance that is almost completely unknown to me, but not-knowing may sometimes make a contribution due to ignorance itself (on this point, Goethe said that knowing is not enough; we must apply – but is there actually knowledge *enough*?). This allows me to risk a formulation, in this instance at least. Dance, in conjunction with music, is an art that draws on two languages. The question is: what is the relationship between these languages?

It seems to me that there may be different relationships depending on the concept of dance involved (and its materialization on stage), but here I wish to look at the relationship established in the above mention quotes from Nijinska and Balanchine. Seeing music and listening to dance indicates a relationship that does not appear in any other language combination. In song, for example, music and lyrics form a structural whole in which the two illustrate and translate each other in some ways. The two combine to form one. There is one single meaning and it results from the neuralgic intertwining of the two series. But in dance, music is movement of body reworked into sound, or acoustic immediacy made into movement of the body. It is not a relationship as such, but rather a kind of incarnation (of music through the body), or conversely, musicalization (of the body through sounds). It is actually one phenomenon manifested as two. Two without a double. Perhaps this shows the greater power of dance in the sense of materializing what would be its highest calling – due to its being singular, unique, and exclusive. Conversely, a semantic aspect in dance always strikes me as resembling an illness, a weakness, or "decadence", in Nietzsche's words.

90. Valéry, P. *Dance and the Soul*, op. cit., p. 55.
91. Bogéa, I. "Future Past", op. cit., p. 267.

6. Existential Aspect of Dance, and of Things

In this final topic, I shall address the existential aspect of dancing. I would like to go straight to a close reading of Valéry's wonderful dialogue *Dance and the Soul*, but that would be too long for a piece that has already taken up more space than allocated. So, in closing, I would like to merely argue for the position of the naive Phaedrus, which in my opinion is misunderstood by the scholarly Eryximachus. The latter responds to Phaedrus by concluding that he "will, at all costs, have her [the dance] represent something." Their positions were thus opposite, since Eryximachus conceived of dance as an intransitive art: "Do you think she [the dancer, Athikte] understands anything about it herself? Or that she flatters herself on producing any other prodigies than very high kicks, pirouettes and entrechats, laboriously learnt during her apprenticeship?"[92]

But Phaedrus' point of view is not so simple. Dance does not represent anything, he argues, but reveals the essence of something (which, in its turn, the word "representation" does not address). At its best, Phaedrus' speech is a masterpiece of subtlety:

> Just now, for instance, Athikte seemed to me to be representing love. – What love? – Not this, nor that; and not some wretched adventure! – Most certainly, she was not playing the part of a woman in love... No miming, no play acting! No, no! No fiction! ... Why feign, my friends, when one has at one's disposal motion and measure, which are the real part of reality?... So she was *the very essence of love*![93]

Phaedrus here takes precisely the same point of view as the great theorists of realism in literature. Realist literature, they say, is not one that describes a certain reality using accurate references and details, but rather one that may lack documentary precision, or may even omit references partly or even fully in order to shed light on the invisible relationships underpinning a society, in order to reveal its reality. Thus even a novel such as Kafka's radically indeterminate *The Trial* may be seen as realistic. For the same reason, as Antonio Candido argued, Manuel Antonio de Almeida's classic novel simply deleted all black slaves from 18th-century Brazil, and abolished the ruling class, but still succeeded in capturing and describing the invisible laws that organized that

---

92. Valéry, P. *Dance and the Soul*, op. cit., p. 59 and 53, respectively.
93. Ibidem, p. 57 [my italics].

reality in its essential complexity.[94] Similarly, Phaedrus argues that although Athikte the dancer represents nothing, she may reveal the *being of things* through her dance.

Is this not the case, for example, of *Les Noces*? Does it not reveal the experience of being engaged to be married in a traditional society? Could be there be a more convincing image of traditional society (the experience of which no words can convey) than that tangled pile of heads? Similarly, when the men stoop and simulate the movement of carriage to transport the bride – I would say, it does not look like anything, or represent anything, but is the very essence of the carriage that is being shown: its strength, movement, weight, and bulk. Even in *Serenade*, which, as shown by Balanchine's words, is pure dance, radically intransitive, pure emanation of music, can we not say that the final scene – the ballerina being lifted up with her arms extended, as if ascending to heaven – is the impossible image of transcendence, the miracle of materialized transcendence, ultimately the essence of transcendence?

All the above reminds us that art, all art, is *vision*. Even when it seems otherwise, when it appears to be what has been seen. Titian's portraits are exceptional as real visions that reveal the moral dimension of his sitters, but not for the representative accuracy of his technique (which is harnessed only for his vision). All art is vision – and to see is necessarily to see what is invisible in the visible, and to make it visible.

---

94. On this subject, see not only the classical essay "Dialética da Malandragem", but also the preface of that same book, *O Discurso e a Cidade* (São Paulo: Duas Cidades, 1998), where the original essay was published in Portuguese.

Repertoire in Movement
Inês Bogéa

The stage is a porous space, a territory in itself that thrives on the dynamics of each performance. Throughout the course of history, dance has not only created different aesthetics, crystallized images, and engaged in dialogue with contemporary politics and societies, but also left its marks in dancers' bodies. Each new generation has queried or followed the footsteps of its predecessor in a collaborative construction in time, until reaching the different forms of dance that we know today. Notwithstanding the different starting points of these movements, a common thread connects this entire realm: the human capacity to take advantage of forces and elements of movement, in the creation of different ways to be in the world.

The São Paulo Companhia de Dança is a repertoire company; in other words, it stages ballets from a repertoire that ranges from time-honored choreographies to original pieces commissioned to different composers and designers. With this approach, the SPCD seeks to chart the current history of art without restricting the survey to a particular type of choreography – thereby stressing relationships and intervals. The company is still quite young; it has been building its repertoire one piece at the time. In this process, not only it overcomes new challenges and welcomes surprises, but also, at each restaging of a given piece, the performance by new interpreters creates new signifieds for the ballet.

This text was written on the basis of my lived experience as a contributor to the São Paulo Companhia de Dança repertoire. It points out the relations between its ballets viewed from the company's standpoint of keeping in close touch with the creators of original pieces and reenactments of the different choreographies. In its first two years of activity, the SPCD produced four restagings – *Serenade* (1935), *Tchaikovsky Pas de Deux* (1960), *Les Noces* (1924) and *Gnawa* (2005) – and four original creations – *Polígono* (2008), *Entreato* (2008), *Passanoite* (2009) and *Ballo* (2009).

Serenade and *Tchaikovsky Pas de Deux* were choreographed by dancing master George Balanchine (1904-1983) on the music of Pyotr Ilyich Tchaikovsky (1840-1893). *Serenade* is a notable example of the neoclassical style, with the occupation of space by the performing dancers creating a sensation of countless waves before reaching a gentle equilibrium, causing gestures to resound throughout the dancing bodies. In its turn, *Tchaikovsky Pas de Deux* is a major classical duet that demands high-level technical skills on the part of performers, at the same time that it brings onto stage a modern dancing couple that take on instabilities until finally resuming their axis.

Ballo, choreographed by Ricardo Scheir on the music of André Mehmari and under the art direction of Marcio Aurelio, tinges the scene with vivid colors and velaturas, defining an origin before gaining strength in the transformation and repetition of gestures. Choreographed by Daniela Cardim on the music of Brazilian composers, the ballet *Passanoite* gently decorates the stage while conveying a notion of space through the movement of light and loose lines. Both pieces stem from classical dance, with which they create new connections.

The historical *Les Noces*, choreographed by Bronislava Nijinska (1891-1972) on the music of Igor Stravinsky (1882-1971), and the recent *Gnawa*, by Nacho Duato, on music by Muslim tribes from northern Africa, are two rituals performed in different times. The former enacts a country peasant wedding in old Russia; the latter, an African ritual related to the fusion of human body and the universe. Both ballets thrive on the driving force of group dancing and on the relation with the ground, where the body folds over and reveals emotion. *Les Noces* relies heavily on pointe work while seeking to introduce the spontaneity of folk dance in the movements of clasped hands and loose hamstrings at jumping. The dancing group designs large formats on stage, with superimposed bodies representing geometric shapes (triangles, pyramids, lines and circles). The rhythm of Stravinsky's composition of asymmetric measures adds modernity to the relation between dance and music. In turn, *Gnawa*, designs the space with hand movements; touches and awakens the ground with the percussion of feet, and handles space through broad movements of the torso and spinal column. In this ballet, dancers' bodies intertwine and form a single cluster on stage.

The pieces *Entreato*, by Paulo Caldas on the music of Sacha Amback, and *Polígono*, by Alessio Silvestrin, on the score of Bach's *Musical Offering* revisited by the Het Collectief, draw our attention to another dance source. In these pieces past and present are related in different times. In *Entreato* four dancers perform exacting and blunt minimalist gestures that bring to mind the language of everyday life: strides, movements of head, eyes and hands, and the image of a pirouetting ballerina donning a tutu, projected on the cyclorama, her body representing an axis of time. The dance reveals great intensity in the sequence of movements by the four dancers who impart density and create volume in space, which they score in different directions. *Polígono* delimits movements to be overreached; it offers viewers countless angles behind the dancers' gestures, thereby outlining different spatial dimensions.

Let us continue to look into the 2009 São Paulo Companhia de Dança program: last year, *Polígono*, the company's inaugural ballet staged in August 2008 was revisited by its choreographer, who created a shorter version of the piece – one in which angles, imbalances, the suspension and the contrasts of movements became even more dynamic on a stage setting reconstructed with panels of sheer tulle that the dancers moved to one side and the other, creating *velaturas*, layers, and spaces. In this revised version, the beginning and the end of *Polígono* became even more multifaceted; it features more contrasting tempos and a greater diversity of movements. In the finale, the choreographer presents, in the manner of a musical *stretto* (a 'piling-up' of temporarily offset statements of a subject in a fugue), the various *tableaux* that made up the ballet, however viewed from different angles: from the top (with the aid of a camera), and from the front, with the different perspectives projected on the screens that divide the stage. Now revised and somewhat shortened, the work has been enhanced in particular by the performance of the Belgian ensemble Het Collectief, playing live at the 2009 season in São Paulo.[95]

Seen as a whole, the various ballets create a live meaning that takes root in interrogations and possibilities. And so a repertoire is built through everyday practice, with experiments and encounters, sensations and effervescence. In this second year of SPCD activities, which I will address next, the characteristics of the company and its dynamics become visible, defined as they are by the personality of the dancers and of the group as a whole.

Gnawa: Landscape and Passage[96]

In *Gnawa*, the four fundamental elements of Nature are on stage: water (in music and in the fluidity of movements that flow from one dancer's body to the other's); earth (in the movements of dancers that strike the floor at the same time that they absorb and

---

95. Presented from December 10 through 13 at Teatro Sérgio Cardoso. The chamber ensemble Het Collectief is formed by Benjamim Dieltjens (clarinet and bass clarinet), Martijn Vink (cello), Toon Fret (flute, bass flute, alt flute and piccolo), Wilbert Aerts (violin) and Thomas Dieltjens (piano, organ, harpsichord and Fender Rhodes).

96. Premiere performance by São Paulo Companhia de Dança on 26 March 2009, at Teatro Sérgio Cardoso, in São Paulo.

reverberate, in their bodies, the sensation of weight); air (in the duet that glides across that stage, filling it and seeking to defy gravity, in a time that is also suspended); and fire (in the form of wick lamps, introduced ritualistically by the dancers' hands).

Nacho Duato was born in Valencia, Spain,[97] in 1957. In 1992 he choreographed *Mediterrania* for Compañía Nacional de Danza, of Spain, taking for inspiration the natural environment of his hometown: odors, flavors, colors, accents and dynamics. He also sought to transmit, through the medium of movement, the sensuality, the rhythm and the nature of the people on the coast of the Mediterranean Sea. In 2005, having received a commission from the company Hubbard Street Dance Chicago, he revisited the subject, broadening his research and creating *Gnawa*.[98]

The Gnawa people are descendants of former slaves and traders from southern and central Africa, who settled in the north, in the Maghreb desert area. They integrate different mystic Muslim brotherhoods that, in their syncretic rituals, combine singing, music and dance to reach altered states of consciousness and, ultimately, ecstasy. Over time Gnawa music has taken a new direction by fusing with similar genres and today is played popularly in Morocco, where a Gnawa world music festival is held every summer. They say Gnawa music is captivating; one can't avoid dancing to it, compulsively.

Duato finds shared cultural traces in the regions bathed by the Mediterranean Sea: northern Africa, Greece, Italy, Spain, Armenia, and Albania. The choreographer worked on the music of Hassan Hakmoun and Adam Rudolph ("Ma'BudAllah", from the record *Gift of the Gnawa*); Juan Alberto Arteche and Javier Paxarino ("Carauri", from the record *Finis Africa*), and Rabih Abou-Khalili, Velez, Kusur and Sarkissian ("Window", from the record *Nafas*). This music mixes African drum rhythms and flamenco-sounding vocals. In his work, the choreographer mixed Gnawa music with other sounds such

---

97. Nacho Duato integrated the *corps de ballet* of both, the Cullberg Ballet (in Stockholm, Sweden) and the Nederlands Dans Theater (in The Hague, Holland). At the latter, he began to choreograph in 1983, the same year when his first ballet, *Jardí Tancat*, was awarded the top prize at the International Choreographic Workshop in Cologne, Germany. In 1988, he worked as resident choreographer at the Nederlands Dans Theater, in collaboration with art director Jiří Kylián and choreographer Hans Van Manen. Ever since then, he has designed ballets that earn him recognition worldwide. Today his choreographies integrate the repertoire of some of the world's top dance companies as, for example, the Cullberg Ballet, Les Grands Ballets Canadiens, Ballet of the Berlin Opera, Australian Ballet, San Francisco Ballet, Ballet Gulbenkian, Royal Ballet, American Ballet Theatre and the Ballet of the Paris Opera. He directed the Compañía Nacional de Danza, Spain's top dance company, from 1990 to 2010.

98. Tony Fabre and Hilde Koch traveled to Brazil for the restaging of *Gnawa*.

as, for example, flowing water and bird songs, or 15th- and 16th-century Spanish and Catalonian music. In Duato's words, his *Gnawa* is "a window to the world."

This choreography brings together steps from the classical ballet lexicon and those taken from Martha Graham's technique, with movements of the torso – contractions and expansions –, punctuations and weights. The dancer's hand motion indicates the direction of the arm movement, clearly tracing it in space and determining its strength and intention before going on to the next movement. The dancers' arms connect, creating great diagonals and circles. The strength of the movement springs from the center of the body, from the hip area, before resounding through the torso, arms, legs and head. The body works on its axes and notes the diagonals drawn across the torso to connect the two sides, the opposite halves of the body. Breathing is fundamental. Torso contractions and twists increase the impression of volume. Emotion gains substance in the perception of the dancer's own body, its inner spaces and its surroundings.

Gnawa begins with a couple of dancers walking from the front to the back of the dark stage and disappearing in the darkness, at the same time that a group of six dancers walk ritualistic toward the front of the stage where they begin a fluid, punctual dance, with dancing pairs causing convulsion in space.

The dance proceeds with alternating groups and duets. Duato's duets are fluid, ethereal and sensual, with the dancers' bodies engaged in a play of counterbalance. The dancing pair traverses the stage as birds: a female dancer's arms are the wings that find completion in the body of the male dancer who lifts her up before firmly settling her on the floor. A bluish lighting rounds out the sensation of suspension and mystery, which peaks at the great central duet of extreme sensuality. A dance of encounter, of copulation, of taking pleasure from a shared movement. In consonance with the amplitude of the arm movements, leg movements create a true suspension of time. Samuel Kavalerski and Renata Bardazzi are great interpreters of these roles.

While setting counterpoints, connections, and compliments to the passages of the duet, the corps de ballet choreographies turn to focus on undulating earthen movements such as great waves or sand dunes that cause everything around. Here, the amber colored lighting softly tinges the dancers' bodies.

Nacho's masterful use of space engages diagonals, straight lines and circles that gradually compose a human kaleidoscope without ever offsetting the singularity of each interpreter. While displaying distinct personalities, the fourteen dancers reveal their individual internal rhythm. Towards the end of the ballet, there are two solos: a male solo masterfully performed by Rafael Gomes, who combines strength, sensuality and precision; and a female solo amazingly performed by Irupé Sarmiento – a dancer who punctuates the air with head movements driven by her hands. Her strong presence dominates the scene and dilutes the stage atmosphere. She summons the entire group to dance. Vigor and merriment take over the stage, and this strength of each dancer's concentrated individuality is assimilated by the entire group.

Finally, having picked up wick lamps from the stage apron, the ensemble heads towards the back, grouping so as to form a lighted corridor where the entrance of the duet that, crossing areas of light and darkness, emerges in the stage vastness. The male dancer lifts up the female dancer at the same time that the group sets the wick lamps on the floor. The space conveys a calm and expanded sense of time. Time is muted. Water flows and resumes the stream of life.

Ballo: Love and Solitude[99]

The fable begins with a young woman (Patrícia Brandão) wearing black, standing in front of the shut stage curtain. Her countenance is serene and her hand holds a letter. A passage from "Lettera Amorosa",[100] by Claudio Monteverdi (1567-1643), comes out of the speakers. Brandão plays the role of this young woman and so many others the world over who daydream and experience love. The curtain slowly opens to reveal an unusual scene: on either side of the stage, four men dressed in red business suits guard eight doors. On the background, in the center, a suspended door set against the blue background reveals the mythical figures of Venus, Pluto and Eros.

The narrative of this story is rendered throughout the ballet in the mechanism of movements. *Ballo* addresses central existential issues such as love, impulse, sensuality, and finitude. Time is suspended between one scene and the next, in the pause where life pulsates. The narrative is oneiric; it is rendered through gestures, body movements, and the relations between the characters, i.e., Pluto, Venus, Eros, four shadows from

---

99. World premiere on 2 April 2009, at Teatro Sérgio Cardoso, in São Paulo.

100. "Lettera Amorosa: Se I Languidi Miei Sguardi", from the seventh book of *Madrigals*. Here is an English translation of an excerpt from the ballet ouverture, which tenor Tiago Pinheiro sang in Portuguese: "If my languid gaze, if my broken sighs, if my halting speech have not till now been able, oh my lovely idol, to tell you truly of my passion, read these words, believe this letter, this letter that distills my heart in ink." In: Tomlinson, Gary. *Monteverdi and the End of Renaissance.* Berkeley: University of California Press, 1987, p. 175).

hell, eight ungrateful souls, and Ariadne. In the different scenes, each gesture conveys the previous meaning to the next meaning, giving the audience an awareness of time.

Ricardo Scheir[101] designed the choreography on the original soundtrack by André Mehmari, with stage design, art direction and lighting design by Márcio Aurélio, having taken inspiration from the "Ballo delle Ingrate" ("Ballet of the Ungrateful Women") –, which is part of Claudio Monteverdi's eighth book of the *Madrigali Guerrieri et Amorosi* published in Venice, in 1638.[102]

"Ballo delle Ingrate" is an allegory of the reprimand of the ladies of Mantua who scorned their lovers, at the same time that it reveals individual conflicts in view of morals and emotions. The composer addressed both the ephemeral nature of love and the tradition of courtship. In his musical, Mehmari introduced variations that allude to the different moments in the history of music, thereby proposing a dialogue between the old and the new. Likewise, choreographer Ricardo Scheir, in collaboration with *metteur en scène* Marcio Aurelio, drew on Monteverdi's composition to address, in current manner, the temporal human relations.

The magnificence of the stage flanked by columns covered in damask that both reveals and hidesI its features is rounded out with five panels that compose the background: four black doors, being two on either side of a fifth door covered in damask fabric. Shadow and light reveal the subtle design of this black frame sculpted by contrasting hues of black. The panels at the back of the stage draw apart from time to time to reveal a blue backdrop that fills the scene with light.

This scenario confers unique dimensions to the stage, setting individuals in unimaginable proportions. The lighting, which alternates from red to brown and green, creates shadows and phantasmagorias that, in combination with the dancers' customs, bring to mind old and contemporary icons alike.

---

101. Ricardo Scheir was born in São Jerônimo (RS), in 1961. He was a dancer with the David Aktins Dance Company of Sydney, Australia. In 1996 he created his dance school, Pavilhão D Centro de Artes, in São Paulo, having trained countless dancers. Twice he was awarded the Best Choreographer prize at the Joinville Dance Festival, in 2000 and 2004. Scheir directed the Companhia de Dança de São José dos Campos (2005-2007) and was rehearsal director and ballet master at São Paulo Companhia de Dança (2008-2009). In *Polígono*, São Paulo Companhia de Dança's inaugural ballet, he held a position as assistant choreographer. In 2008, he was awarded the Artistic Merit Medal by the Brazilian Dance Council, an organization associated with UNESCO. Currently, Scheir is director of Pavilhão D and teacher at Balé da Cidade de São Paulo.

102. The piece was first presented in 1608, in Mantua (Italy), on the occasion of the marriage of Francesco Gonzaga, heir to the duchy of Mantua, to Margaret of Savoy.

Whereas dance brings forth issues related to humanism, the emphasis is on the individual's capacity to rationalize the world, to operate on the basis of this rationalization, and to dominate it. On the other hand, dance seems to assert the need of a displacement regarding the appreciation of the sensible world. Furthermore, art must become the phenomenon of phenomena, as if through the presentation of the sensible world people would learn its laws in a fleeting, volatile, and never determinate manner.

The religious theme and the exile of the soul spread out in the movement of the dancers' bodies. A faraway land seems inhabited by a horde of people wearing the same hairstyle and identical clothing, offering a glimpse of the desires and the sensations of the encounter with the Other.

Ballo is about the mismatches and ambiguities of love. It reveals a matte side of life, bringing up clichés and models. It comes up with intensity, bearing something from other epochs – classical and baroque –, then surrenders to a difficult form and elicits unique reactions of love and hate.

Passanoite: Variation and Contrast[103]

The thousand and one colors of the costumes crisscross the stage and only find points of support in the intensity of light. In the vastness of a space transfigured by the gestures of dancers, movements seek fluid and harmony in their intimate dialogue with the music score.

Passanoite (Passthenight) was choreographed by Daniela Cardim[104] to the string quartet music of Brazilian composers André Mehmari ("Passanoite" and "Idílio"), Mário

---

103. World premiere on 22 October 2009, at Teatro Alfa, in São Paulo.

104. Daniela Cardim was born in Rio de Janeiro, in 1974. In 1994 she enrolled in the Ballet do Theatro Municipal do Rio de Janeiro, where she was a soloist for five years. In that same year, *Yu Lin*, her first choreography ever, was awarded fourth prize at the 9th Show of New Choreographers, in Rio de Janeiro. In 1999 she joined Het Nationale Ballet (in Amsterdam, Holland), where she is currently *coryphée* (ballet mistress). In 2003 she designed her first choreography for a workshop conducted by the Het Nationale Ballet. In 2006, director Ted Bradsen commissioned her to create a ballet to be presented with a sponsored production, so Cardim choreographed *Three Movements for Cello and Piano*. In 2007 she designed *Zaahir*, her first *pas de deux* for the dance company, which was included in its repertoire. She was selected by the New York Choreographic Institute, affiliated to the New York City Ballet, to choreograph for the School of American Ballet. In June 2008 she was featured in the program *In Space*, of Het Nationale Ballet. Her most recent creation in Holland premiered in the program *Nieuwlichters*, of Het Nationale Ballet, presented in April 2009.

Manga ("Fade Out"), Hermelindo Neder ("Undiu Dois") and Marcelo Petraglia ("Ser Eterno"),[105] with costume design by Ronaldo Fraga and lighting by Domingos Quintiliano. All elements effectively contribute to the construction of this ballet that offers a particular perception of the passing of time, a sort of upheld breathing, in the to and fro of loose thoughts in the weight of the body.

In the early part of the music that lends its name to the ballet, a group of eight dancers performs on stage, each of them coming out and getting back into his/her square of light. Here, light has fundamental importance: in addition to cutting out figures, it constitutes the scenario where everything happens. The cutouts on the dancers' black tops decorate their bodies in the manner of tattoos. In turn, the cutouts on their tights reveal colorful "legs" that add geometric elements to those devised by the choreographer. The stylized *tutu* (short tulle skirt) is a good-humored allusion to the icon of the ballerina and serves to add color to the stage scene. The attendance of each dancer in the two regions – light and shadow – stresses different layers of rumination of their own inner worlds.

The stage is reconfigured along with the shifted positions of the squares, which give rise to other interactions among the dancers. In their relations, dancers do not touch one another, they exchange glances, and they actually trespass the other's space of light. Light demarcates spaces but does not restrain dance; what is more, the dimness produces new elements on stage.

The light demarcations are dissipated before the beginning of the next scene and a female dancer makes her appearance. "Fade Out" is a pas de quatre for a female dancer (Luiza Lopez) and three male dancers (Vítor Rocha, Flávio Everton and Ed Louzardo). It fuses with another pas de quatre, "Undiu Dois", except now for a male dancer (Samuel Kavalerski) and three female dancers (Amanda Rosa, Renata Bardazzi and Amanda Soares). In the performance of the first pas de quatre, suspension prevails on stage. In her role, Luiza Lopez spends more time airborne than on the floor, exploring relations between the dancers' bodies and the new axes of this new body formed by the fusion of the four bodies. In the second pas de quatre, the dynamics springs from the individual

---

105. Cardim first listened to this music from *Abstrações*, a CD featuring the string quintet Quintal Brasileiro. The quintet played this piece at the ballet premiere (October 23 to 26, at Teatro Alfa) as well as in other performances in São Paulo (December 3 to 6, at Teatro Sérgio Cardoso). O Quintal Brasileiro is integrated by Luiz Amato and Esdras Rodrigues (violin), Emerson de Biaggi (viola), Adriana Holtz (cello) and Ney Vasconcelos (bass). In the first SPCD season, Fabrício Leandro Rodrigues replaced Adriana Holtz.

roles of each of the female dancers. Precision, swiftness and suppleness distinguish their movements in their intimate dialogue with the music beats.

"Idílio" is a duet (Yoshi Suzuki and Flávio Everton) performed with the amused disposition of two friends daring one another in terms of the potency of the virtuous movements of classical ballet, now performed in innovative positions. For example, they turn pirouettes in which the knee of the supporting leg gradually bends to the point that the dancers slump on the stage floor, without detracting from the pleasure of displacement, their relation with everyday movements and with gravity.

The audience feels compelled to applaud. The dance resumes to the sound of "Ser eterno". Two duets perform against the blue backdrop, their silhouettes crisscrossing the stage, casting time into another frame: a sluggish, extended time that makes the viewer aware of details and the design of bodies in space. As the lighting gradually changes, white streaks of light appear from side to side of the blue backdrop that then are tinted red and further evinces the notion of passing time. Also gradually the stage becomes more populated by dancers that traverse it while placing emphasis on their arm movements, and revolving space with transparencies, figures, intentions, and resonances.

The subsequent duet (Samuel Kavalersi and Aline Campos) affirms the main characteristic of this dance in which space is revealed by the dancers' movements as they share the stage with light, punctuated by endless music cycles. The ballet ends with the backdrop tinted red and the silhouettes of the dancing duets turning round and round. Their movement is organized around a single axis, the verticalness of which is maintained by counteracting the weights of their bodies.

Tchaikovsky Pas de Deux: Technique and Naturalness[106]

George Balanchine[107] was the author of intense novels written with bodies in motion. Throughout his long and remarkable career, he was always against immutable

---

106. Premiered by São Paulo Companhia de Dança on 21 August 2009, at Teatro Miguel Cury in Ourinhos (SP).

107. George Balanchine was born in Russia, in 1904. He graduated from theater school in 1921 and joined the corps de ballet of the State Theater of Opera and Ballet (name by which the former Maryinski was known from 1919 to 1934; in 1935 this company was renamed Kirov Ballet). While receiving dance training, Balanchine enrolled in the Petrograd Conservatory of Music. Officialy, he began to choreograph in 1923. The following year he joined the Ballets Russes (1909-1929), by Serge Diaghilev (1872-1929), first as a dancer and soon as ballet master. In 1933, when Lincoln Kirstein commissioned him to create a U.S.

texts. He rewrote his dances for other interpreters, adding or subtracting parts, and adapting the roles for the different dancers whom he loved for their unique personalities. For their better part, his creations do not follow a definite script or libretto: they are developed in the encounter of people and dance, and they speak of emotions and human relations. His dance relates intimately with the musical composition, it gives body to the musical score.

Balanchine designed countless pas de deux, giving continuity to the tradition of classical ballets. In *Tchaikovsky Pas de Deux*, a duet to the music of the Russian composer[108] – one of the choreographer's favorites –, the woman neither lives solely for love, nor has her destiny definitely connected to a man. Bonding, freedom and seduction provide the guidelines for this duet. The man looks on, follows, and provides support for the woman; she performs and looks back at him. The emotional framework is built through dance steps and gestural intentions, in this duet that conserves the structure of the great classical duets.[109]

Tchaikovsky Pas de Deux poses a major challenge to dancers due to the great vigor of the ballet, the dynamics and power of movements, the outstretched positions that take the dancer's body to the brink of balance, the complex combination of steps, and the intimate relationship with musical accents. Dancers must be rigorously in tune with the music, so they have room for interpretation.

At São Paulo Companhia de Dança, two young duets have premiered this pas de deux: Aline Campos and Ed Louzardo, and Luiza Lopes and Flávio Everton. What a challenge! They had to keep their bodies in a non-static, permanent balance; define the accent of the gesture; maintain the suspension without freezing or stiffening,

---

dance company, Balanchine started the School of American Ballet, which later originated the New York City Ballet. He died in New York, in 1983.

108. Tchaikovsky's music composed for the N° 5 *Pas de Deux* in Act III of *Swan Lake* remained unknown for a long time because it as not published with the original score. As a consequence, Marius Petipa (1818-1910) did not include it in his famous version of *Swan Lake*.

109. Duet sections include *adagio*, in which the dance movements of the ballerina and her partner are harmonized as they perform steps requiring skill in balancing and unbalancing, resistance and surrender; *variations*, in which male and female dancers perform solo roles; *codas*, the set of technically challenging dances that lead to the conclusion of the ballet, and the *finale*, in which the male partner emphasizes the work of the ballerina.

and be authentic at each step as well as in the transition between one step and the next. Each pose reveals myriads of subtle movements that fill up the scene and captivate all audiences.

When playing this type of role, as so many icons of the dance world have done, the dancer not only reaffirms the might of those dancers who preceded him/her, but also pursues a world that is visible in itself, in the vacillations of the daily surface. The dancer places time in suspension, which is the same as saying that the dancer is connected to an all-time art.

Aesthetic Education through Dance and for Dance: a Look onto the Educational Program at São Paulo Companhia de Dança

Márcia Strazzacappa

> *Art is a daughter of Freedom, and must receive her commission from the needs of spirits, not from the exigency of matter.*
> Schiller, F. *On the Aesthetic Education of Man*

On Classical Ballet

In the preface of the book *Phaidon Book of the Ballet*,[110] Rudolf Nureyev (1938-1993), one of the most acclaimed dancers worldwide, states that "like a Cinderella fable in reverse, [ballet] tells the story of an art born in the ballrooms of princes which has gradually stolen into the hearts and firesides of ordinary people world." Conceived in Italy, the ballet was born in France and was raised in Russia before spreading to all continents of the globe. Nureyev goes on to affirm that he was lucky enough to take part in the boom in popularity of classical ballet which also spread enormously to different realms of knowledge. In the preface, he further acknowledges that this style of spectacular and technical dance has become a subject of study and serious research conducted in other fields than only the academic.

I begin my essay with Nureyev's words not only to pay a modest tribute to this dancer who populated the imaginary of many generations of dance artists and inspired the beginning of numerous dance careers in Brazil and worldwide, but also to demonstrate how current his words remain.

Classical ballet was never as popular and present in our society as over the past decade. From the stages of prestigious upper-crust theaters to educational venues in working-class neighborhoods in the outskirts of large cities; from scene to schoolroom; from books illustrated with static images to the images in motion on YouTube, classical ballet has shifted from its former condition of elitist dance to that of indisputably popular dance. This change is not by chance.

---

110. Mezzanotte, Riccardo. *Phaidon Book of the Ballet*. Ordish, Olive (trans.). London: Phaidon Press Ltd., 1981.

We have noted an increase in the number of professional or semi-professional dance companies and ballet schools that create and maintain permanent ballet troupes. This information can be verified at the Joinville Dance Festival, possibly the most important dance convention in Brazil, which is held annually in the state of Santa Catarina. This event continues be the great nursery for the fostering of classical ballet in this country, even after having opened up space for other dance genres that include contemporary dance, modern dance, tap dancing, street dancing, and flamenco, in addition to other ethnic and folkloric dances.

We have also noted a large quantity of social programs created and maintained by volunteer groups that employ art education activities as leading threads in their endeavor to meet their respective entity's end objective, whether it be assisting communities with transforming or educational actions, providing continuing education, promoting social insertion (or re-insertion), etc. In this way, the underprivileged portions of the population have had the opportunity to attend courses of instruction or workshops in the fields of dance, theater music, visual arts, video, cinema, photography, and handicrafts. As regards the teaching of dance, figures show a larger number of courses available on classical ballet, followed by *capoeira*, street dancing, and Brazilian folk dances.

When asked for a definition of dance, public school and private school students usually describe the classical ballet. When asked to reproduce a dance gesture, they often bring their arms up into his position, or clumsily try to turn a pirouette. Be it in words or in gestures, the ballet inhabits the imaginary of the ordinary citizen and has become synonym of dance.

However, what leads the ballet to maintain its original vitality in the current time? How can an ephemeral art such as dance perpetuate itself in time and space?

Dance – this ephemeral artistic language disseminated by oral tradition, taught through mimesis, and practiced in all sorts of educational spaces ranging from independent dance schools to vocational training programs and college level programs – is a resistant and persistent art form. Ephemeralness and persistence. Ephemeralness and permanence.

French dance critic and researcher André Levinson once stated that classical ballet

Actually concentrates experience gathered over the centuries, for we find that certain of its fundamental ideas were accepted by the dancing masters of the Italian Renaissance. This supposedly imposed discipline has evolved and expanded in the course of countless and fecund crises from which it emerges invigorated and with its principles intact.[111]

In fact, the technique of classical ballet was coded, systematized, and disseminated throughout the years, while maintaining its original principles. On this subject, another theoretician on the field of the performing arts, Denmark-resident Italian director Eugenio Barba, devised what he called "recurrent principles", after investigating different body techniques developed by the diverse cultures. His studies of theater anthropology, presented in the book *The Secret Art of the Performer*,[112] have it that classical ballet is the first and most legitimate traditional body technique in the Western world.

On the Relationship between Education and Dance

As an active participant and researcher in the field of education and art, more specifically *aesthetic education* (involving not only works by visual artists in galleries, museums and books, but the universe of different artistic languages, including ephemeral arts such as dance, live music and theater) I see the work of São Paulo Companhia de Dança as a rich aesthetic education activity – a Herculean labor of educating audiences for dance and, I might add, educating dance professionals for dance. Education *by* and *for* dance.

The SPCD aesthetic education proposal goes beyond specifically "educational" initiatives, such as school-visit programs for teachers [*Corpo a Corpo com o Professor*]. Aesthetic education is also editing, publishing, disseminating, and distributing its *Figuras da Dança*[113] DVDs free of charge; welcoming the audience at its performances; producing printed matter especially for children and youths, with accessible images and written content elucidating the choreographic pieces to be performed, including

---

111. Levinson, André. *Danse D'aujourd'hui*. Paris: Actes Sud, [1929] 1990, p. 85.

112. Barba, Eugenio and Savarese, Nicola. *A Dictionary of Theatre Anthropology – The Secret Art of the Performer*. London: Routledge, 2005.

113. *Figuras da Dança*, a collection of documentaries on São Paulo artists produced by São Paulo Companhia de Dança was directed by Inês Bogéa and Antônio Carlos Rebesco (Pipoca). The first of the two DVDs, featuring Ivonice Satie, Ady Addor, Ismael Guiser, Marilena Ansaldi and Penha de Souza, was directed by Inês Bogéa and Sergio Roizenblit. The second features Tatiana Leskova, Luis Arrieta, Ruth Rachou, Hulda Bittencourt and Antonio Carlos Cardoso, directed by Inês Bogéa and Sergio Roizenblit.

information on the choreographer, score, composers, costumes, and scenarios – in short, all the different elements involved in dance creation.

My analysis of the São Paulo Companhia de Dança's work therefore goes beyond its performances in theaters to examine the interstitial spaces between dance performers and the general public; between dance professionals and amateurs (or dance lovers); and what goes on behind stage curtains, at ballet bar workouts in classrooms, during rehearsals, in creative work. These details go unnoticed by the less observant, but not by those of us who are fighting for our dream of quality aesthetic education accessible to all members of society.

I look at what goes on in theater foyers before the three buzzes, or during intermission. From afar I follow the gestures, gazes, and smiles of the different contributors that make the SPCD happen.

I followed the SPCD routine for a year, during which time I had several opportunities to observe and enjoy many of its events and encounters. This "being together" was also manifested as space-time for learning and aesthetic education. These events brought together professionals from different generations and styles of dance, such as for the presentation of the above-mentioned *Figuras da Dança* DVDs, not to mention past, present, and future, memories and attendances. There were tributes to performers from the past and to those working today to create and produce art. Memories came up as words and images – statements by those who taught the newer generations, and those who teach them today, educators of past and present. The endeavor was all about educating sensibility, i.e. providing aesthetic education for today and for tomorrow.

A lecture I presented at the 30th Annual Meeting of the Brazilian Education Research and Graduate Studies Association (ANPED), in Caxambu (MG), raised a few issues on the teaching of art in schools and emphasized my concern for broadening our view of the aesthetic dimension beyond the visual arts. My paper, which was later published in the Annals, presents the following questions: "During their teacher training, what contact did people have with the language of dance? Did they attend live dance performances? Were they familiar with their own regional dance? Did they dance or teach dance?"[114] Having asked these questions, I pointed to a few ways of moving forward in this respect, and suggested that those teachers who are

---

114. Strazzacappa, Márcia. "Dança: Um Outro Aspecto da/na Formação Estética dos Indivíduos". In: *Annals of the 30th Annual Conference of Anped*. Available at <www.anped.org.br>. Accessed March 15, 2007, p. 5

unable to teach or perform dance should act as mediators between pupils and dance, which would require a certain level of knowledge, however minimal, of their regional dance.

Within its few years of existence, São Paulo Companhia de Dança has met some of my expectations and pointed to the mediator role suggested above. To take one example, its program *Corpo a Corpo com o Professor* (meaning "body-to-body" or one-on-one with teachers) has instructors and educators participate in guided visits, watch rehearsals, and hear talks on the different stages of choreographic design. Then they come back with their pupils, this time for the *Corpo a Corpo com o Estudante* [One-on-one with pupils] program, having prepared the young people in advance for activities such as looking inside the black box, i.e., seeing what goes on backstage and in the wings, stage settings, dressing rooms, and technical production. Everything hidden behind the magic of a choreographic performance is revealed. Through this activity, young people come into contact with the lexicon of the stage and become familiar with its technical terms. They get an opportunity to discover this realm, to realize that dance involves many more people in addition to the dancers on stage, which may well lead to training opportunities for positions involved in dance performances (scenographers, costume designers, makeup artists, lighting technicians, and others), and for dance professionals as such.

In the medium to long run, São Paulo Companhia de Dança's cultural, educational and aesthetic work will surely draw the public to dance in general, and not just to ballet. This fact will derive from the activities conducted at SPCD, in particular those focusing and prioritizing the familiarity of ordinary people, teachers, and pupils with the world of the performing arts. Despite the São Paulo Companhia de Dança taking classical ballet as technical reference, the attendance of dance performances will build the audience's vocabulary, increase its knowledge of repertoire and provide better understanding of the dance language, since there are 'principles in common' (after Levinson), or 'recurring principles' (Barba, above).

> To appreciate dance, people must be familiar with the world of dance, its symbols and codes, which in turn means there must be opportunities to watch performances [...], so that one may master the system of references involved in this specific language. [...] Approaching dance and learning more about it requires effort, firstly because of the venues where performances are staged; secondly, because the coding

and language of dance is not self-evident. One must learn to watch dance, decipher its riddles, and distinguish motion when it is merely a body moving through space, from motion when transformed into dance.[115]

Another aspect of São Paulo Companhia de Dança's aesthetic education is its blending of past and present in selecting repertoire. The company chose to restage works by choreographers from the early 20th century, such as Bronislava Nijinska's *Les Noces* (1923), or George Balanchine's *Serenade* (1935). This was not a decision made gratuitously. Along with these productions, others were created especially for the company by Brazilian and foreign choreographers.

Despite its youth, São Paulo Companhia already has a large and diverse repertoire of works by Brazilians, such as Richard Scheir, who worked with theatrical director Márcio Aurélio and composer André Mehmari to produce *Ballo* (2009). Also of Brazilian origin were *Entreato* (2008), by Paulo Caldas, and *Passanoite* (2009), by Daniela Cardim. In its performance at Teatro Alfa, the latter featured live music by the São Paulo string quintet Quintal Brasileiro.

The foreign choreographers' works staged by SPCD included *Polígono* (2008), by the Italian Alessio Silvestrin, and *Gnawa* (2009), which the Spaniard Nacho Duato originally created for a U.S. dance company in 2005.

Polígono is particularly noteworthy in terms of aesthetic education. This piece was meticulously analyzed by Ciane Fernandes, herself a performer, movement analyst and professor at Universidade Federal da Bahia (UFBA), in the first publication to focus on São Paulo Companhia de Dança.[116] My intent here is not to revisit the work from the standpoint of her analysis. Rather, I would emphasize what happened in the living bodies of the young dancers, and in its reception by audiences.

Polígono is one of the works from the repertoire that has been performed in more than one version,[117] perhaps prompted by the title itself, which suggests a multiangular figure. There is a full version of this piece, and a shorter one; with recorded music and live music. How many angles may yet be organized? How many new ways may yet be created? How many polygons can we see in the movements on stage?

115. Ibid, p. 6.
116. Bogéa, I. (org.). *First Season. Essays on São Paulo Companhia de Dança*, op. cit.
117. *Polígono* was created in 2008 and revisited by its choreographer in 2009.

With each new re/presentation of the choreography, the young dancers took to the work and appropriated it as their own. They matured as dance performers. Their bodies young, yet at the same time mature. Audiences were learning to watch. Those who had the opportunity to watch the choreography more than once will know what I'm talking about. At the last presentation of *Polígono* at Teatro Sérgio Cardoso in December 2009 with the participation of Het Collectief from Belgium, the audience also learned to listen, read and interpret. The dancers with their moving bodies, accompanied by musicians who, through their bodies in motion too, made much more than music: together, they produced sounds that completed the scenic aspect in a poetic reinterpretation of Bach's works. It was an aesthetic, visual, kinesthetic and auditory experience.

This choreography plays with time through its overlapping panels, and its *pas de deux* and *trios in canon*. Which of them is present and which is past? Which is reality and which, illusion? This work reveals and conceals. Sometimes it is wide open. It may be entered and viewed from several angles, including an unusual one: from above the stage. Fernandes notes, "What resonates from all angles and in all scales, from every pore of panel and space, is the body in motion. It contagiously spreads to everything and everyone, creating a somatic empire."[118]

After several re/enactments of different versions, the repetitions of *Polígono* gradually became different. In the poem "Uma didática da invenção", from his book *O Livro das Ignorãças*,[119] Manoel de Barros wrote: "Repeat and repeat – until it turns out different / Repeating is a gift of style."

The live-performance arts involve this magic of endlessly repeating while being different each time. Repetition, creation and recreation.

To conclude this reflection on re/creation in dance, I shall proceed to pose a few questions: Why is the re-creation of works of dance, past or present, so readily challenged, whereas the reproduction of music is accepted as natural? Are not the historical classics of dance as much part of our heritage as the classics of music, or the theater? How many versions of *Romeo and Juliet*, to take just one example, have been produced for theater, dance and film all over the world? Must everything in dance be

---

118. Fernandes, Ciane. "Dance and Its Double/ Between Acts: Reconstruction without Reproduction". In: Bogéa, I. (org.), op. cit., p. 70.
119. Barros, Manoel de. *O Livro das Ignorãças*. Rio de Janeiro: Record, 1993, p. 11.

new, unique, and unusual? If it must, then would we have to delete history and destroy all our knowledge of dance to build the future of this artistic language? If it must, how may we ensure familiarity with the world of dance if not by watch and re/watching dance being performed?

Ephemerality, permanence and persistence. Repetition, creation and recreation. Past, present and future. Through its performances, São Paulo Companhia de Dança is feeding these cycles of tension and keeping alive the art of dance, contributing to its education, its rationale, and its remembrance.

When we listen to music we can identify styles, periods and often composers. As a convinced optimist, I believe that when ordinary people will be able to see a choreographic production in the near future, and identify choreographic styles and aesthetic options; afterwards they will be able to develop well grounded critiques or discussions of what they have seen, felt and assimilated from a choreographic work. It is a belief based on more than optimism; the consistent hard work of São Paulo Companhia de Dança will have helped to bring this about.

The Texture of Memory

Flávia Fontes Oliveira

> *It was already getting dark when he decided to talk about the continuity of life by means of the magic of memory and shed light on the secrets kept in his trunk, playing the role of heir and transmitter of the legacy of several generations.*
> Davi Arrigucci Jr., *Enigma e Comentário*

Figuras da Dança, one of the programs created and developed by São Paulo Companhia de Dança since the beginning of its activities in 2008,[120] sheds light on the memory of dance through the performance of its own dancers. This task of creating a link in dance is concomitantly important in terms of expanding the historic scene (an area still lacking registers in Brazil), and because it reviews dance's development from the inside, creating meanings of belonging and identity – with all the stress that the process involves. *Figuras da Dança* proposes building a bridge between lived experiences and present day elaborations, with the resources of the current perspective.

The series of biographic documentaries[121] released yearly and aired on TV Cultura is based on common elements. One of them is the public statement that guests and partners give on the milestones of the artist's career.[122] These statements are recorded

---

120. The *Figuras da Dança* program was conceived by Iracity Cardoso and Inês Bogéa and, as a final product, features the drawing up of biographical documentaries on personalities of Brazilian dance. In two years of existence, São Paulo Companhia de Dança produced ten documentaries focusing the life and works of important characters of Brazilian dance: Ivonice Satie (1951-2008), Ismael Guiser (1927-2008), Penha de Souza, Ady Addor and Marilena Ansaldi were featured in the first year, under the direction of Inês Bogéa and Antônio Carlos Rebesco (Pipoca), with the support of TV Cultura and Pipoca Cine Vídeo, and Ruth Rachou, Hulda Bittencourt, Luis Arrieta, Antonio Carlos Cardoso and Tatiana Leskova were featured in the second year, under the direction of Inês Bogéa and Sergio Roizenblit, with the support of TV Cultura and Miração Filmes.

121. In addition to being shown on TV Cultura, the programs are distributed free of charge in a box – together with a booklet featuring text, photos of files and chronology on the career of each of those honored – to institutions, researchers, and other professionals of this milieu.

122. The documentary on Ismael Guiser is the only one that lacks the public's testimonials because he

at Teatro Franco Zampari, in São Paulo, which opens to the public for the event. The recordings are used later in the making up of the program scripts. These are unique moments of meetings with dance when guests review – and recreate – their own background in direct dialogues with different generations. This process of assimilation of lived experiences and memory appropriation can be perceived as knowledge because it presents possibilities of choice and interpretation, as Beatriz Cerbino put it in the first book about São Paulo Companhia de Dança, *Primeira Estação* [*First Season*], in 2009.[123]

Revisited live, the memories indicate how each interviewee deals with his/her personal experiences, and the disclosure of his/her relation with the past, along with the intensity, dexterity, or degree of distancing specific to each interviewee's personality, ensures the uniqueness of the recording. "There is yet another sense in which memory issues strict weaving regulations,"[124] Walter Benjamin wrote in his review of Marcel Proust's *In Search of Things Past*. This is a fundamental point: the work of SPCD allows dancers to weave their own texture into the episode, with dancers defining, perhaps even unintentionally, the rhythm and composition of the chapter.

As early as in the first edition, for example, dancer and choreographer Marilena Ansaldi subverted the order of her statement by transforming it into a performance, so that action distinguished her documentary, guaranteeing it as one more "fundamental and special" work, as José Possi Neto says in his public statement regarding the personality of his partner, always one of generous devotion. The 26-minute documentary reveals how Ansaldi conducted her comprehensive and passionate works throughout her career. Nothing is simple or light to this artist, and her greatness is determined by her immeasurable involvement with her career choice, which she herself admits mirrors her personal life.

In this aperture through which we manage to get a glimpse of the nature of each interiewee, French-Brazilian dancer of Russian descent Tatiana Leskova appears as an opposite example in the scope of the documentary series. Without losing the linearity of her storytelling, she exposes another personal disposition before the audience:

---

passed away prior to the event. His documentary, which includes a narrative that highlights episodes of his career, was based on previous interviews and comments by friends and partners.

123. Cerbino, Beatriz. "Dance and Memory: Uses that the Present Makes of the Past". In: Bogéa, I. (org.)., p. 227.

124. Benjamim, Walter. "The Image of Proust". *Illuminations*. Zohn, Harry (trans.). London: Fontana Press, 1992, p. 198.

fretfulness regarding the volume of information and an obvious persistence are in attendance as of her first interview. Leskova's wealth lies in her will to reassemble her own history and the history of 20th-century dance. Her fast and charismatic speech conveys the audience back to the early days of her dancing career in Paris, with Madame Egorova (1880-1972); her first years as a professional dancer, and her consequential training with the original Ballets Russes of Colonel Wassily de Basil (1880-1951), where she mingled with Michel Fokine (1880-1942), George Balanchine (1904-1983), and Léonide Massine (1896-1979), among others. And then, there were the years in Rio de Janeiro, beginning from her arrival in 1944, and her impassioned, turbulent, and long-lasting relationship with Rio's Theatro Municipal.

In 1950, Tatiana Leskova joined the dance department at Theatro Municipal do Rio de Janeiro as dancer, choreographer and ballet mistress, and she immediately adopted a work style that was technical, persistent, and rigorous. She was neither the first nor the only foreign professional to leave her mark on that stage, but "the history of this institution is deeply impressed by her immeasurable contribution".[125]

In the course of more than a century of acivities, the Theatro Municipal do Rio de Janeiro, especially after the 1950s, with the exuberance of its seasons, was truly masterful in the revelation, welcoming, and export of great Brazilian dance talents as Ady Addor, Thiago Soares, and Roberta Marquez.[126] As the only professional ballet company in Brazil until the mid 20th century, the Ballet do Theatro Municipal (Theatro Municipal Ballet) was the wise option for those who wished to pursue a dancing career. Antonio Carlos Cardoso, Ismael Guiser, Luis Arrieta, as well as Leskova and Ady Addor, all were featured on that stage with varying degrees of involvement and relevance.

The two examples mentioned (Marilena Ansaldi and Tatiana Leskova) point to the fundamental issue of dancer's involvement in their respective documentary footages, not only as regards their public statements, but in other instances: during interviews, and helping to select materials that will serve to illustrate their accounts, such as photographs, recordings of choreographies or performances, newspaper clippings, and other media. The contributions from each interviewee are a sort of pre-edition.

---

125. Caminada, Eliana. Presentation in the insert of the DVD featuring Tatiana Leskova, of the series *Figuras da Dança*.

126. The latter two are currently main dancers at the Royal Ballet, in London.

Individual and Universal: A Panorama of Dance

The ten documentaries that São Paulo Companhia de Dança has produced to date are quintessential in that they review the history of dance, lending voice to its leading figures. Another issue joins this one, arm in arm: the documentaries weave a panorama of the dance in Brazil as of the second half of the 20th century, and now offer new relationships and appropriations with the present. "By allowing for this reconstruction, the operation of memory does not reveal what is left behind, immutably, simply reproducing past experiences. On the contrary, it shows what can be remembered in the here and now, and how."[127]

One by one, the documentaries bring out the voices of interviewees in combination with specific and universal facts and figures of their shared world of dance. The connection between these two instances takes place in experience, not only in cutouts from their lives, but also in the experience of others – what they have assimilated in terms of techniques, theories, recommendations, creative processes, acting, and moral conduct, all of which has remained beyond words and became part of their arsenal of information and training.

In more than one case, the events lived by the characters featured in *Figuras da Dança* cross with one another in one sole event. Thus, between 2008 and 2009 we can catch a glimpse of, and earmark, some decisive moments of the history of dance in Brazil, especially in São Paulo, through the eyes of the featured artists: the Balé do IV Centenário dance company; the transformation of the Balé da Cidade dance company; the dissemination and assimilation of dance techniques other than the classic; the Teatro Galpão stage performances, and life in the Theatro Municipal do Rio de Janeiro.

Balé do IV Centenário and its Developments

Ady Addor, Ruth Rachou, and Ismael Guiser were members of the Balé do IV Centenário. In their statements we observe visible traces of the years in which this company implemented professional dancing, up until that time unheard of in São Paulo, by recruiting the best Brazilian names and bringing dancers from other countries, as was the case of the Argentinean Ismael Guiser, who worked in Europe at that time, and of guest director Aurelio Milloss.[128]

---

127. Cerbino, B., op. cit., p. 225.
128. Hungarian-born Aurelio Milloss (1906-1988) was a dancer and choreographer. In Germany, in 1934

Viewed as the first major dance company in São Paulo, the Balé do IV Centenário was created in commemoration of the city's fourth centennial in 1954. Preparations for the company's implementation began in 1953 with the contracting of the entire staff, dancer auditions, and physical structuring of the company. The idea was to bring together Brazil's top figures in dance, music and art, in like manner as the Ballets Russes (1909-1929) directed by ballet impresario Serge Diaghilev.[129]

Milloss set up the company in a short time and for his choreographies he couonted on set designs and costume designs by Cândido Portinari (1903-1962), Lasar Segall (1891-1957), Di Cavalcanti (1897-1976), Flávio de Carvalho (1899-1973), Noêmia Mourão (1912-1992), and Heitor dos Prazeres (1898-1966), among others, and compositions by celebrated musicians such as Camargo Guarnieri (1907-1993) and Francisco Mignone (1897-1996).

The Balé do IV Centenário premiered in São Paulo on a stage that was especially adapted for the event in Pacaembu soccer stadium, as the renovation works at the Theatro Municipal were not finished in time. The actual premiere staging was at the Theatro Municipal do Rio de Janeiro. São Paulo was only to see full performances of certain ballets in 1955. Although the Balé do IV Centenário was short-lived, it was a hallmark in the history of São Paulo ballet.

The main highlights of this hallmark are narrated in different ways by the personalities featured in *Figuras da Dança* documentaries. At the same time, the documentary series shows how different dancers perceive the development of one same event in multiple ways.

---

and 1935, he was a ballet master and dancer in Düsseldorf. To escape Nazism, Milloss returned to his home country, where he worked as ballet master the Hungarian State Opera House, in Budapest, and first came in contact with composer Béla Bártok (1881-1945). From 1938 to 1952, he worked extensively in Italy to promote the ballet among a greater number of dancers, as he had wished to do in his own country at first. He made known a number of great dancers and, principally, revived the ballet in Italy. After a short season working in Brazil, between 1953 and 1954, Milloss returned to Europe, where he worked in Cologne, Brussels, and Rome, among other cities. He retired from his professional career in 1977. He died in Rome, the home city he adopted in his heart.

129. On the trajectory of the Ballets Russes, see: Sevcenko, Nicolau. *Orfeu Extático da Memória: São Paulo, Sociedade e Cultura nos Frementes Anos 20*. 3rd edition. São Paulo: Companhia das Letras, 2003; and Schwarcz, Lilia Moritz. "Um Mundo de Pernas para o Ar: O Final do Século XIX e o Início de Uma Nova Era para as Artes Russas". In: Bogéa, I. (org.)., op. cit.

To Ady Addor, the Balé do IV Centenário was the springboard of her international career. Soon she became a soloist with the American Ballet Theatre, a company with which she traveled to the former Soviet Union. Thanks to her gracious and harmonious dance movements performed with dramatic flair, the ballerina was given special roles in different ballets.

Ismael Guiser and Ruth Rachou developed their dance careers in Brazil. According to Rachou, her experience with the Balé do IV Centenário was what really awakened her taste for ballet. As to Guiser, who came to Brazil to become a member of the Balé do IV Centenário, the outlook was somewhat dismal for him when the company came to an end. He continued to dance whenever he had a chance, was featured in TV shows, and set up a school that enrolled nearly 3000 students. Guiser adopted Brazil as the habitat of his art until his death in 2008.

The ending of Balé do IV Centenário did not translate as isolation for dance. Rather, the professional training and the structure of the old troupe served as incentive for Brazilian dancers. As of that time, according to Ruth Rachou in her documentary, new possibilities for dance and dancing started coming to the fore.

Rachou herself, alongside Penha de Souza, is a representative of a highly fecund movement that developed in São Paulo after the closing of the Balé do IV Centenário. They are women who, apart from their training in new dance techniques – modern Ameriacn dance in the case of Ruth Rachou, and Pilates, yoga, and global postural re-education (RPG) as well as modern dance in the case of Penha de Souza – created networks for modern dance training, dissemination, and appreciation in São Paulo. They opened up their spaces to other dancers, creating strong bonds with different generations of people involved not only in dance, but also in education and culture. They worked as driving forces that created unrest, introduced novelties, and influenced (as they do to this day) generations of dancers, initially in São Paulo and later on in other parts of Brazil.

This dance movement was propped on two fundamental pillars: French ballerina Renée Gumiel (1913-2006) and the Hungarian Maria Duschenes.[130] "In 1957, culture was imported [into Brazil]. I started out with a school that was naturally modern, but sought to lend it a modern mentality," Gumiel stated in the documentary *Renée Gumiel –*

---

130. On Duschenes, see the documentary *Maria Duschenes – O Espaço do Movimento*, directed by Inês Bogéa and Sergio Roizenblit. Klauss Vianna Funarte Award, 2006. Short feature film, 17 minutes.

A Vida na Pele, by Inês Bogéa and Sergio Roizenblit.[131] Slowly but surely, they instilled in the people of São Paulo a new way of seeing and doing dance, motivating students and dancers with intellectual issues capable of transforming physical and mental sensibility. Their activities echoed in the life and works of some of the luminaries dealt with in the *Figuras da Dança* program.

São Paulo Dance in the 1970s

Apart from the dissemination of other ways of seeing the body, dance in the 1970s underwent an upheaval in São Paulo. Transformations that the city underwent and promoted are seen in the biographies of certain figures: the change in the Corpo de Baile Municipal dance troupe, the emergence of private companies such as Cisne Negro Cia. de Dança and Ballet Stagium, and the creation of Teatro Galpão / Teatro de Dança.

Antonio Carlos Cardoso was in his second season abroad in 1973 when Marilena Ansaldi invited him to take on the direction of the Corpo de Baile Municipal de São Paulo (created in 1968), the current Balé da Cidade de São Paulo. Alongside Iracity Cardoso, Sônia Mota (who will be part of the *Figuras da Dança* 2010 series) and Victor Navarro, his management led to major alterations, on several levels, in the course of dance in São Paulo: in administrative terms, in the demeanor of dancers, in the artistic team involved, in the creations, and in the involvement with other art forms. "This project of bringing together the arts, he carried out with great panache, and his administration left important and indelible marks," Iracity Cardoso stated in the documentary.

In his turn, Argentinean Luis Arrieta also benefited from the spirit of innovation that Cardoso had launched. Arrieta arrived in Brazil in 1973 and by 1974 he was already a member of the Corpo de Baile Municipal de São Paulo. In addition to his role as a dancer, he had the opportunity to become a choreographer. "Antonio nearly kicked me into doing choreography. He led me to the plane of expression, and choreography, to me, turned into my mode of expression," says Arrieta in the documentary on Antonio Carlos Cardoso. Arrieta's dance career began and blossomed in Brazil, with more than a hundred works created for Brazilian dance companies, among them Balé da Cidade, of which he was also director.

---

131. Renée Gumiel – *A Vida na Pele*. Script and screenplay by Inês Bogéa; directed by Inês Bogéa and Sergio Roizenblit. DOCTVII, TV Cultura, São Paulo, 2005. Documentary film, 56 minutes.

Ivonice Satie, who inaugurated the *Figuras da Dança* statements in April 2008, danced for 14 years with Corpo de Baile, at first only in classic ballets, and later in other dance genres, as proposed by Antonio Carlos Cardoso. In the 1990s, as the company's ballet director, she promoted another renovation, this time introducing the company on the international circuit, lending continuity to the history initiated two decades earlier. She also created the Companhia 2 at Balé da Cidade, a dance troupe integrated by dancers over 40 years of age.

As result of their direct discussions with Corpo de Baile, some private companies as Cisne Negro Cia. de Dança and Ballet Stagium also changed their activities to include a different approach to dance, as they had sufficient clout to develop their own repertoire language and a new assessment of the body. While Ballet Stagium toured Brazil to literally present its dance from north to south, with creations that always focused some particular Brazilian situation (such as indigenous relations or the violence of Brazilian poverty), Cisne Negro, under the command of Hulda Bittencourt, renewed the dance environment by creating a company that attracted athletes from different areas of sports, who wished to dance and needed a common mold. Bittencourt rolled up her sleeves, designed a training program with exercises that would unify the group, and lent a choreographic diversity to the company that lives on to this day.

Rounding out the São Paulo dance scenario, between 1975 and 1981, Teatro Galpão / Teatro de Dança added fertility, quantity and quality to the city's stages. Marilena Ansaldi, who had also recreated her dance in the 1970s, was the instigator of this project after a successful career as a classic ballerina and one of the country's most prolific artists. The theater was installed in the Galpão Room at Teatro Ruth Escobar – hence its name – in 1974 (the official dedication took place in 1975 with a performance by Ballet Stagium). To date the theater is remembered as a meeting place for ideas, open to experiments. It started up almost spontaneously, unpretentiously, with no intention of taking on its ultimately large and multifaceted scope. At this experimental space, political articulation was not limited to the performances: in addition to offering the venue and the structure for spectacles, including sound and lighting, the government was to subsidize the remuneration of teachers hired to give classes free of charge. But Teatro Galpão had no luxury: the stage floor was inadequate, the bleacher seating offered no comfort whatsoever, the lighting was deficient, and the dressing room was barely fit for use. Even so, the experience combined the enthusiasm of artistic creators, the attendance of a new public, and the diversity of other art forms.

Before and After

The ten documentaries of the *Figuras da Dança* program produced to date featuring luminaries of dance in Brazil, together with abundant documental material, are mediated by the gaze of those who produce dance in our country today – a gaze from inside the dance realm itself, informed by the experience of working with this art. The making of each documentary is what characterizes its identity. It consists of a mixture of public statements and the selection of images and interviews, and it serves as knowledge of the history of dance in Brazil.

In two years, the program that is presented with the intention of revisiting the history of dance is also beginning to organize its own texture in the collective memory alongside the work of circulation and production of shows, in addition to audience education and training programs.

The novelty in this wide-reaching project of the São Paulo Companhia de Dança is that it prioritizes historical records in the midst of what is being done today, placing side-by-side what was produced in dance in the past to arrive at the present, leaving the before-and-after relationship live and multiple; or better yet, suggesting the continuation of its history.

Ballerinas
Fabrício Corsaletti

Nights are for the hip set, mornings are for fictional red peacocks, and afternoons were made for dancers to rehearse. I knew nothing of ballet or any other dance; can't dance myself and never go to nightclubs. At parties I hang around out back of the building, drinking with the people who go out for a smoke, although I have quit smoking myself. At the time, I knew nothing about ballet, still don't, but when Tais Gouveia asked me to write a story on dance as theme or backdrop, I could not bring myself to say "no". It was to be part of a book commemorating the second anniversary of the São Paulo Companhia de Dança, of which Tais was artistic director. But so awful, artificial and pretentious was the outcome that I made a banal excuse (tendonitis) for failing to deliver my story.

 The truth is, I was a fool to take on a job of this kind. I have invariably found that writing under commission is an unpleasant experience, and the outcomes have been pretty crude. This is no prejudice; I do know of writers who can make this kind of arrangement work, but not me, unfortunately. Picking up somebody else's idea and reworking it into my own takes me a long time, and Tais had set a tight deadline. Although quick to sense my predicament, I let myself in for this business. Why? Perhaps I wanted to do something new by placing my chips on a collective "cultural" theme that had little or nothing to do with the individual and subjective troubles of my own life. Or was it an urge to be around those flexible and healthy girls who soon took on – in my mind – the standing of Counterpoint to Misery of Life around Me? Or was it embarrassment, not letting down Tais Gouveia, whose proposal had been a vote of confidence in me, which had seemed incredible at the time? I should add that I had been feeling very low for several months; in fact, extremely low indeed. My psychoanalyst had referred me to a psychiatrist, and both shared the same opinion about my ups and downs: I was just being me, it was my personality, and at bottom I was well aware of this, but no longer willing to pay the price; that was the real issue, not the malaise that I was complaining about. Right, so why they don't let me alone to suffer. No more psychotherapy for me, I thought, and I never went back to the shrink's office either. For several weeks I was feeling irritated, a humiliating moral hangover. Then there was a period of calm before another exhausting sequence of euphoria and anxiety started again. I felt like going back to therapy, but I was broke. Having no choice in the matter, I decided to leave these issues aside until further notice and move on. It was about this time that Tais Gouveia asked me to do the dancers story.

To help me to write, she would send me some DVDs showing leading ballets and dancers, and the history of the São Paulo Companhia de Dança. Not being a specialist in the subject was no problem: my story could be written from the point of view of someone new to dance. The dancers – twenty males and twenty females, she said – would be available to talk to me, or to be interviewed. It would be good if I watched rehearsals too; her press liaison, Flávia, would give me the address of the building where their rehearsals took place. That was a Tuesday, or a Wednesday. By Friday, my girlfriend and I were joining two couples, friends of ours, at a theater (Teatro Sérgio Cardoso) to watch a São Paulo Companhia de Dança performance. Flávia had arranged the tickets.

Of the six of us, I was the least familiar with dance. Ten years before that, I had been to half a dozen performances by the wife of a friend who was a dancer – I had a feeling that I ought to show up once in a while. Her uncontrolled solos were incomprehensible to me, but I followed each of her movements as carefully as I could, hoping for a revelation at some point, so that I would finally be accepted into this set of special and modern individuals. But the night came to an end and nobody had explained what had happened. I could not help whispering to my friend, or to some friend of his: but why was it done this way rather than that way? Or: what message was she trying to convey? I remember the embarrassed looks and un-footnoted responses. No enlightening words, no "relax, things are what they are." That was when I first came to São Paulo, aged eighteen, at a time when I was naive enough to think that everyone – I do mean everyone – knew about many important and mysterious things that I would never know about. Anyway, this was all a long time ago. Now I was among people I liked and had I no great expectations about anything in particular. Whatever they might know, they would just tell me about it directly, and I would get a chance to learn something. Renata and Tulio, for example, had been to several Grupo Corpo performances, and they told me a little about them. Paulo and Jonas gave me a book on Heinrich von Kleist's puppets. After breakfast the next morning, Dani made me read Gilda de Mello e Souza's essay "Notes on Fred Astaire," from which I took this passage:

> [...] Fred Astaire is a man rooted in everyday life, which he tackles – free of nostalgia or resentment – through elements he is able to organize, improving each of them so as not to leave out anything, and metaphorizing everything.

I sighed with relief for not having read this sentence earlier, back when I first started writing. At the age of fifteen, I would have been inhibited by an artist like him, who wasn't entitled to despair, even. In any case, I had been trying to keep my two feet firmly set on reality and – initially, at least – it was from one of its layers that I took my poems. My nostalgia had ebbed and started to wane – with the resentment that I made a point of not letting myself take for granted. What bothered me in the sentence, however, was the word "organize". My idea of organization was limited to making the bed, washing dishes, taking out trash, and putting CD's in their cases before going out to work. The rest was that everyday hangover, guilt, heartburn, São Paulo traffic jams, the annoyance at being overcharged for bus fare ("Out of small change, sir, sorry"), pleasant or unpleasant things or people at work, the jockeys at the racecourse across the river, the vultures, the trucks, Eldorado (a mall), Rebouças (a street) and Mini Copa Independencia (lunch bar), the bar on the corner of Artur de Azevedo and Oscar Freire where I drank beer waiting for Dani to come by and pick me up. How could I organize these elements – and not leave out anything? I'd better get back to that night at the theater (Teatro Sergio Cardoso) and tell you how it went.

Leafing through the program, I saw there were going to be two ballets. One, dated 1924, was about a Russian peasant wedding. Choreography by Bronislava Nijinska to the music of Igor Stravinsky. "1920s Russia, October Revolution, proletariat, new man... Mayakovsky!" I concluded. Just recalling the poet's name prompted the illusion that *Les Noces* would be no problem. Nor would *Les Noces* or any other ballet. Moreover *Les Noces* was a Communist ballet; its purpose was to communicate, and I was bent on understanding it. By the end of the first dance, however, I was already lost. I asked Dani for help but then I got lost again. Feeling embarrassed, I waited for the ballet to end and revisited a Mayakovsky poem as the only way I could feel minimally connected to what was happening on stage. Tais came up to me during the intermission and gave me some pointers on the choreography in her smooth but firm voice: the dancers were dancing together, the whole was what mattered, there was no room for individuality.

The other ballet was George Balanchine's *Serenade* and almost all the dancers were women. I was mostly impressed when ten or twelve dancers suddenly appeared stage-left forming a triangle, and quickly moved almost to the other side on their pointes, very precisely, smoothly – and violently. At the time I thought the stage was going to cave in under this lyrical onslaught bursting with sexual energy. I grasped Dani's thigh and squeezed it. I must have been aroused.

From the theater I went with my girlfriend and our friends to an Italian *cantina* in the Bixiga quarter. While savoring the lamb stew Dani ordered, I had my first and only idea for the Tais Gouveia story. Through a third-person narrator (I usually wrote in the first person, but was getting tired of talking about myself), I would tell the story of a journalist who was out of a job – thus rather seedy in the eyes of others, and in his own too –, who falls in love with a twenty-year-old dancer at the height of her career. This ballerina was not in love with him, but she let their relationship carry on from inertia, or convenience: the journalist treated her well and sex was not bad. One day, out of nowhere, to the journalist's surprise, the dancer confessed to what she saw as her "greatest secret": a rope made of carbon fiber just a palm's breadth from her spine, parallel to it, and stretching from the ground up as high as her hand could reach. She had discovered it when she started to study dance, but only became fully aware of its existence on the night of her first professional performance. The rope was there, real and hallucinatory, like a bone – but visible only to her. Why it was made of carbon she could not say, but she was sure that the success or failure of her dancing depended on it. If she had any talent it was due to the rope or to her humbly letting herself be moved by the rope. When she danced badly, it was because she was presumptuously trying to ignore it and prove to herself that she was just like other dancers, in full control of her body and its rhythm, with no carbon-fiber rope to respect, love or care for – sometimes she felt she would give up everything and go back to her parents' home.

Then the story deteriorated into the most maudlin sentimentality, as the journalist became increasingly obsessed with the dancer, and the latter ever more concentrated on the carbon cord. He was suffering; she was sacrificing herself. Both complained a lot, but it was not very convincing. (I thought the journalist had better get himself a job and become an alcoholic, like any journalist worth his salt. But he was not into drinking, and he was not hustling for a job. In my opinion, she really had to go back upstate and spend the rest of her life looking after her sick parents – who would be grateful to get their daughter back, and would dutifully do their bit by getting cancer [him], and Parkinson's [her]) The story dragged on for a few more redundant pages until I had them sit on the side of the lake in Ibirapuera park, watching ducks – both were crazy about ducks. Luckily the sky darkened and a storm broke out. As the confusion reigned in the park, they lost sight of each other, and never met again.

Now I wonder if I was not too hard on them. I didn't even know their names. With hindsight, he was a nice guy, and he did love the ballerina; and she was a true artist, despite her delusional narcissism. Why not empathize with them? Why do I have the impression that I was writing *against* my characters? If I had fallen in love with Diana, a member of the dance company, perhaps things would have been different. But I did not fall for Diana, a dark-skinned tragic-faced girl with a childish smile, or for Maria, a loner from Buenos Aires who had lived in San Telmo for eighteen years, just a block from El Federal, one of the bars I used to drink at when I lived in Buenos Aires. Something had moved me, but it was bereft of name or nationality.

Watching a rehearsal one afternoon, I was sitting on a low wooden bench, clutching my notepad. Shortly before, I had taken the subway to Tiradentes and walked a few blocks. Strolling along Rua da Graça, I decided that Bom Retiro was a nice neighborhood and the Acropolis – which was nearby, I figured – was my favorite restaurant. I had had lunch there a few times with Dani when we first dated and missed those times. We were still getting on well, but those lunches had receded into the past. Not having eaten anything since six in the morning, I was feeling peckish. For a moment I thought of calling Flávia and telling her my boss had let me leave early. Then I would rush to the Acropolis, get a wall table on the left as you face the street, and order some moussaka and a bottle of wine... After getting drunk, I would call Dani and cry a little. But I had come to Bom Retiro to do my job, and it was almost time for the rehearsal to begin. Better grab a *sfiha* someplace, better not let down Tais Gouveia, although she was at a business dinner in Berlin. Having regained my Literary-Toiler mindset, I stopped for an orange juice – the *sfiha* was far too mean looking – and went straight to the building, Oficina Oswald de Andrade.

Flávia greeted me, showed me around the building, and then dropped me off at the rehearsal room. Dancers lay on the floor resting, others chatting while leaning against large open windows – I could see treetops out in the garden – showing no particular interest in me. They must be used to all kinds of visitors – politicians, choreographers, photographers, and even writers. To my surprise, one of the dancers came up and started talking to me. He was from Belém, but had lived in São Paulo since the age of fifteen, given the shortage of opportunities and abundance of prejudice in his home state of Pará. After all, dancing was for queers, not for men. His parents refused to talk to him for several years. Life would have been easier if he had been born a girl, since girls can start at an earlier age. At twenty-six, he did not have much time left. Did I mind him talking so much? Not at all, I replied, wondering if I was in some way prejudiced against male dancers. Hopefully not. On the other hand, whenever I think of ballet, what comes to mind is a group of girls dancing, with shadows around them. These shadows were male dancers. So I had to admit that, perhaps, I was prejudiced. I thought of apologizing to this dancer from Pará, or at least saying "sorry." Instead, shy and awkward, I just put on that "same old story" facial shrug, the look of someone who was only too well aware of how sick society is.

Flávia came back and the male dancer rejoined his group. She was flanked by a fit-looking forty-year-old named Renato, one of the company's choreographers. She told him what I was doing there, and he was willing to be interviewed, so I opened my red notepad, took a pen out of the back pocket of my pants, and sprayed Renato with a tirade of questions typical of a new-in-town redneck. He responded: the ideal dancer's biotype is short torso, long arms and legs and long neck – "this has been changing a lot." Muscle aches and pain concentrate in joints too. "But what pain is to you," he warned, "is quite different from what it means to a dancer." Roughly speaking, classical ballet is unnatural, in that it aims to go beyond nature, whereas contemporary dance involves a natural approach. At the end of the day, "ballet is the eternal pursuit of a vertical axis" – Renato exclaimed, the tone of his voice rising as I promised to include this expression in the story – but there are endless axes in contemporary dance. Was there such a thing as a specifically Brazilian style of ballet? Sure there was, foreigners recognize our style and find it moving. But I could not figure what this style might be.

Renato looked at his watch and said he had to go because the class was starting. Make yourself at home, he added. I sat down on one of the wooden benches and rested my head on the wall mirror. I was facing the windows. By this time the dancers were all sprawled on the floor stretching. Staring out at the trees, I reckoned the size of the room, drew windows, and scribbled down a few lines. "Good light," "reminiscent of an afternoon in a small town upstate," "I'd be working," "pain in back and wrists," "the picture of Mykonos at the Acropolis restaurant – Mykonos without the tourists," "island at midday," "Cortázar – reread," "legs, backpacks," or "memorize Camões sonnet."

So that was how I thought writing a story about ballet would be easy, as my thoughts concentrated or wandered, while feeling at ease in unfamiliar surroundings. The air was as light as the first few times I had written poems, those lousy poems trashed the month after my first book had been published, but now this air was in my favor, unflustered, waiting for me to say the right word about the right thing at the right time. I had wagered my whole life on *being a real writer,* but even if this disposition was no assurance of being successful (so many others had done the same thing and come to nothing), I was sure it would work for me.

It was then that I saw the ballerina. Sitting with her back to me, near the middle of the room, she kept her legs spread, stretching and leaning her trunk forward, touching the floor with her head. Faded slippers on her feet pointed in opposite directions; they were motionless too, but sometimes contorted, as if catching some invisible thing ("they look like claws," I noted), or as if they were separate from the rest of her body and were having fun – "beaks on boastful ducks." A hard behind, gray shorts; you could count the vertebrae on her arched back, under her white T-shirt. I couldn't see her face from where I was sitting, and I hoped they would never tell me her name. There were too many names in the world and almost no freedom within them – some things were better off staying away from words. That ballerina stretching at two o'clock in the afternoon, probably having gotten there after titanic clashes between her Urge to Dance and a Non-transferable Personal Past, had only one single chance to be free, and it would last just for that particular instant. Over the weekend she would be judged by an audience of depressed and demanding viewers expecting perfection, wanting to be surprised, as if she bore on her shoulders not just the history of ballet but the whole incarnation of the myth of dance. And thus the Living Proof of everything fascinating and absurd ever written about it, and I thought I must be delirious thinking this way. The real truth of dance, if there is any, resides in that unnamed dancer, her hair in a ponytail, in the middle of a light-filled room in an old building in a shopping district of São Paulo.

At home, I dumped my notes on the computer and spent two weeks trying to write this piece about a dancer with a carbon-fiber cord. I didn't even bother making her into the dancer I had watched rehearsing; I just assumed that each would be part of the other, the real dancer and the one I had created, and that the story would work. But it did not, so here I am, looking for an explanation for my failure. The fact is that sometimes you get it right, other times you don't. Anyone who says they know how to write is lying. Personally I have not really figured out the difference between fiction and reality. Long ago I realized that neither fiction nor reality drove me when I was writing. Meaning that what I really like is reality, but it makes promises that do not come true, so you write to help them come true. In any case, I hope Tais Gouveia will forgive me and not be left with a bad impression of me.

Finally, I must mention the Aged Ballerina. I would not like to leave her out. I saw her by chance on one of the DVDs Tais Gouveia sent me, months after the deadline for the story had gone to pot. At home, while tidying a room one day, I came across this bag of DVDs on Brazil's leading dancers. More or less tempted, I slid one of them into the DVD player and went to the kitchen to fix a coffee. Why had I not watched any of those videos before? Couldn't remember. Came back to the room, sat on the couch, an aged ballerina was dancing. She looked huge, wearing a stylized clown's costume. Gestures slow, bones loose inside her flesh. She looked like the wreck of a young dancer, but there was something else. I tried to imagine her aged twenty, but I couldn't. I imagined her funeral but I was not satisfied. Sipping my coffee, I watched the aged ballerina. Was it really the Aged Ballerina? Once I had met the Aged Singer, now I was looking at the Aged Dancer. Could I be wrong? No. That woman dancing there on the screen had to be the Aged Ballerina.

On Rehearsing and on Performing[132]
Agnaldo Farias

A Saturday afternoon. They were there to go through a short sequence from Ricardo Scheir's *Ballo*, the full version of which I had watched shortly before that. Now there were three young dancers, with a woman teacher intermittently taking them through part of the choreography, a sequence that lasted two minutes at most. Three others were both watching carefully and having fun, laughing, giving instructions and interrupting. Having mastered the choreography, the others were helping their fellow dancers make final adjustments, equally involved up in putting together the sequence of moves, precisely modeling gestures, suggesting how and where to hold a partner's body to lift them, bring them closer, or twirl them around like improbable satellites, without injuring themselves or others, and following their sensitively synchronized steps sliding over shiny dark linoleum flooring. This was not at all easy, far from it as their bodies strained to reach unison in their every movement, organizing every single step, trying hard not to lose each other while spreading out across the floor, or in the air thick with music. At the same time sensing and anticipating the moves of nearby bodies, as if they were all joined by some invisible soft cartilage, while counting so as not to miss the beats marking their rhythm, while distilling spatial patterns of arms, legs and bodies to their essence, controlling everything, from their posture to where their eyes were directed, or any wrong-footed move, however slight, including the products of their respiration: gasps, blows or sighs that, by this time – around two o'clock in the afternoon, with everyone exhausted –, were bursting out more loudly and discordantly like choked rumblings unintentionally emitting bursts of noise, only to be instantly suppressed since they were professionals in this sensitive and demanding *métier*.

Perched on a high stool they had brought me, I felt rather wobbly, thus pointing up the contrast between my natural clumsiness and the ease with which these dancers right next to me were coping with instability. Acutely aware of my privileged position of watching the same sequence repeatedly, I experienced a sort of extension of time, as if time had slowed down and unraveled to let me peer inside it. Assuming that ballet

---

132. Originally published in the 1/2009 program flyer, São Paulo Companhia de Dança.

is an *ornament of duration* (in the words of Paul Valéry), I bore witness to the persistent and excruciating physical exercise through which this ornament is meticulously sculpted. The same sequences repeated time and time again to spot flaws and gradually attain perfection, sharply and cleanly bringing out complex gestures previously buried in the potency and bursting thrusts of those bodies, all far removed from our own arid and banal movements, and therefore fascinating.

Supposing you are reading this text just before the performance starts, this was all quite different to what you will soon be experiencing. Why have I have started with the preparations and then gone back to rehearsal? Because one is absorbed by a very different dynamic by the end of the process, when watching the performance as such, its finished form with perfectly linked sequences, as I did it at the last dress rehearsal for Nacho Duato's choreography *Gnawa* in the great hall at the Oficina Oswald de Andrade, the cultural center that houses São Paulo Companhia de Dança. It is like a gift-wrapping peeling off so way that each layer magnetically leads us to eagerly await the next and so forth, one after another.

Now an interesting point is that here on this theater stage they are dancing for us, whereas in the rehearsal room they were dancing for a huge mirror taking up the full length of the longest wall of the rectangular room. In other words, they were performing for each other, perceiving each other in double vision, here and there. Now that they are ready, their more refined gestures brought out, in the open, glued to their costumes, as natural as their beads of sweat, they no longer need their own images. But they do need you readers; they do need your eyes, your baited breath, the spell woven on you by the resonance between your bodies and theirs.

About the Authors

Agnaldo Farias, PhD is a professor at the Universidade de São Paulo's School of Architecture and Urbanism (FAU-USP), art critic, and curator. He has curated exhibitions and collections at Museu de Arte Moderna do Rio de Janeiro, Instituto Tomie Ohtake, Centro Cultural Banco do Brasil, Museu Oscar Niemeyer (in Curitiba, PR) and Fundação Bienal de São Paulo, among other institutions. He has held the position of associate curator at the 23rd São Paulo International Biennial (1996); curator of the Brazilian representation at the 25th São Paulo International Biennial (2002); and co-curator of the 29th São Paulo International Biennial (2010). Farias is the author of *Arte Brasileira Hoje* (Publifolha, 2002) and *As Naturezas do Artifício – Amélia Toledo* (Ed. W11, 2004), among other books. He organized and edited the book *Bienal 50 Anos* (Fundação Bienal de São Paulo, 2002).

Antonio Prata is a writer. He has written seven books that include *Cabras, Caderno de Viagem* (with Paulo Werneck, Chico Mattoso and Zé Vicente da Veiga, and preface by Antonio Candido, Hedra, 1999), *As Pernas da Tia Corália* (Objetiva, 2003), *O Inferno Atrás da Pia* (Objetiva, 2004) and *Adulterado* (a literary column destined for teenagers on *Capricho* magazine; Moderna, 2009). He wrote episodes for the TV series *Sexo Frágil* (TV Globo, 2002), *Alice* (HBO-Gullane Filmes, 2007) and *Descolados* (MTV-Mixer, 2009), besides collaborating for the soap opera *Bang Bang* (TV Globo, 2005). Prata contributes stories and articles to different print media, and also a biweekly column to the "Metrópole" section of *O Estado de S. Paulo* daily newspaper.

Caco Galhardo is a São Paulo cartoonist whose comic strips are published daily on newspaper *Folha de S.Paulo,* since 1996. He has six books published: two featuring collections of his comic strips, two children's books, one book presenting an adaptation of a classical story, and one in collaboration with writer Marcelo Mirisola, for which he drew the storyboard. Galhardo's works are frequently published in magazines that include *Você S/A*, *Sexy*, *Gloss* and *Piauí*. Furthermore, some of his animated characters have been syndicated on MTV and Cartoon Network. His most recent work is the script for the theater play *Meninas da Loja*, scheduled to premiere in 2010.

Fabrício Corsaletti holds a bachelor's degree in Letters from the Universidade de São Paulo. He has published the poetry books *Estudos para o seu Corpo* (Companhia das Letras,

2007) and *Esquimó* (Companhia das Letras, 2010). He is also the author of the children's books *Zoo* (Hedra, 2005) and *Zoo Zureta* (Companhia das Letras, 2010); the stories of *King Kong e Cervejas* (Companhia das Letras, 2008) and the novel *Golpe de Ar* (Editora 34, 2009).

Flávia Fontes Oliveira holds a bachelor's degree in journalism from the Universidade Estadual Paulista (Unesp) and a master's degree in Communication from Pontifícia Universidade Católica (PUC-SP). Currently she works as coordinator of both the Education and the Memory programs at São Paulo Companhia de Dança. She contributed writings on dance to the "Fim de Semana" section of *Gazeta Mercantil* newspaper, from 1996 through 2000. She also contributed articles on dance to other printed media such as magazines *Bravo!*, *Época*, and *Cult*, and the website *Nominimo*. Alongside Inês Bogéa and Cássia Navas, Oliveira organized the publication *Na Dança* (Unidade de Formação Cultural, Imprensa Oficial, 2006).

Francisco Bosco holds a master's degree and a doctor's degree in theory of literature from the Universidade Federal do Rio de Janeiro (UFRJ). He is the author of the books *Banalogias* (Objetiva, 2007), *Dorival Caymmi* (Publifolha, 2006) and *Da Amizade* (7 Letras, 2003). Bosco organized and presented the book *Antonio Risério* (Azougue, 2009), as well as volumes 1 and 2 of *Cultura Brasileira Contemporânea* (Fundação Biblioteca Nacional, 2006 and 2008, respectively). Currently he contributes a column for *Cult* magazine and holds a seat in the editorial committee of *Serrote* magazine, published by Instituto Moreira Salles.

Inês Bogéa attained her PhD in art from the Universidade Estadual de Campinas (Unicamp), in 2007. Currently she is director of São Paulo Companhia de Dança; teacher in the specialization program at Centro Universitário Maria Antonia of the Universidade de São Paulo; curator of the Festival Cultura Inglesa, documentary filmmaker and writer. From 1989 through 2001 Bogéa was a dancer with Grupo Corpo (Belo Horizonte). She was also dance critic at *Folha de S.Paulo* newspaper from 2001 through 2007. She is the author of two children's books – *O Livro da Dança* (Companhia das Letrinhas, 2002) and *Contos do Balé* (Cosac Naify, 2007) – and she also organized the publications *Oito ou Nove Ensaios sobre o Grupo Corpo* (Cosac Naify, 2001-2007) and *Espaço e Corpo – Guia de Reeducação do movimento – Ivaldo Bertazzo* (Sesc, 2004), among others. Bogéa is the author of dance documentaries that include *Renée Gumiel – A Vida na Pele* (DOCTVII, 2005) and *Maria Duschenes – O Espaço do Movimento* (Prêmio Funarte Klauss Vianna, 2006), in addition to the series *Figuras da Dança, Canteiro de Obras* and *Corpo a Corpo com Professores* (São Paulo Companhia de Dança, 2008-2009).

Manuel da Costa Pinto is a journalist who holds a master's degree in literary theory from the Universidade de São Paulo. He is the editor of TV shows *Letra Livre* and *Entrelinhas*, aired on TV Cultura, and the weekly *Guia da Folha – Livros, Discos, Filmes*. He contributes the column "Rodapé Literário" to *Folha de S.Paulo* newspaper. Costa Pinto held the positions of assistant editor at Edusp; executive editor of *Jornal da USP*; writer for the "+Mais!" section of *Folha de S.Paulo* newspaper and, from 1997 to 2003, editor of *Cult – Revista Brasileira de Literatura*. He is the author of *Literatura Brasileira Hoje* (Publifolha, 2004), *Antologia Comentada da Poesia Brasileira do Século 21* (Publifolha, 2006), and *Albert Camus – Um Elogio do Ensaio* (Ateliê, 1998). He also organized and translated the anthology *A Inteligência e o Cadafalso e Outros Ensaios*, by Albert Camus (Record, 1998).

Márcia Strazzacappa is a dancer, educator and researcher. She holds a PhD in Theatrical and Choreographic Studies from the University of Paris. She held a position as researcher at Lume (1986-1995). Currently, Strazzacappa is a faculty member and associate director at Unicamp's School of Education. She is a member of Laborarte – Laboratório de Estudos sobre Arte, Corpo and Educação (Study Laboratory on Art, Body and Education). Among her several publications on the teaching of dance, art and education, the book *Entre a Arte e a Docência – A Formação do Artista da Dança* (Editora Papirus, 2008) and the article "A Educação e a Fábrica de Corpos," available online at *SciELO* deserve special mention.

Sandra Meyer, holds a PhD in art, communication and semiotics from Pontifícia Universidade Católica (PUC-SP). She is a researcher and teacher of theater in the bachelor's degree program and the teaching degree program at Centro de Artes da Universidade do Estado de Santa Catarina. She is also co-coordinator and curator of the "Projeto de Extensão Tubo de Ensaio – Corpo: Cena e Debate", and coordinator of the research group "O corpo-mente em cena: as ações físicas do ator-bailarino". Meyer has co-organized the books *Tubo de Ensaio – Experiências em Dança e Arte Contemporânea* (Edição do Autor, 2006); *Coleção Dança Cênica 1: Pesquisas em Dança* (Letradágua, 2008); *Seminários de Dança: História em Movimento – Biografias e Registros na Dança* (Lorigraf, 2008) and *Seminários de Dança: O Que Quer e o Que Pode Ess[a] Técnica* (Letradágua, 2009). She also wrote *A Dança Cênica em Florianópolis* (FCC, 1994) and *As Metáforas do Corpo em Cena* (Annablume, 2009). She is a member of the Florianópolis Municipal Board for Cultural Policies and, since 2004, president of the Instituto Meyer Filho cultural society.

Bibliography

ANDRADE, Carlos Drummond de. *Claro Enigma*. Rio de Janeiro: Record, [1951] 1998.

_____. "Seven Sided Poem". In: *An Anthology of Twentieth-Century Brazilian Poetry*. BISHOP, Elizabeth (trans.). Middletown, CT: Wesleyan University Press, 1972.

ARISTOTLE. *Poetics*. Bywater, Ingram (trans.). <www.gutenberg.org/files/6763/6763-h/6763-h.htm>, accessed on April 30, 2010.

ARRIGUCCI JR., Davi. *Enigma e Comentário*. São Paulo: Companhia das Letras, 1987.

BALANCHINE, George. "Marginal Notes on the Dance". In: SORRELL, Walter. *The Dance has Many Faces*. New York: Columbia University Press, 1966.

BANES, Sally. *Dancing Women. Female Bodies on Stage*. London: Routledge, 1998.

BARBA, Eugenio and SAVARESE, Nicola. *A Dictionary of Theatre Anthropology – The Secret Art of the Performer*. London: Routledge, 2005.

BARROS, Manoel de. *O Livro das Ignoràças*. Rio de Janeiro: Record, 1993.

BENJAMIM, Walter, "The Image of Proust". In *Illuminations*. Zohn, Harry (trans.). London: Fontana Press, 1992.

BERARDINELLI, Alfonso. *Da Poesia à Prosa*. São Paulo: Cosac Naify, 2007.

BERNARD, Michel. *De la Création Chorégraphique*. Paris: CND, 2001.

BOGART, Anne. *A Director Prepares. Seven Essays on Art and Theatre*. New York: Routledge 2001.

BOGÉA, Inês (org.). *Primeira Estação. Ensaios sobre a São Paulo Companhia de Dança [First Season. Essays on São Paulo Companhia de Dança]*. São Paulo: Imprensa Oficial, São Paulo Companhia de Dança, 2009.

BURKE, Edmund. *A Philosophical Enquiry into the Origin of our Ideas About the Sublime and the Beautiful*. London: University of Notre Dame Press, 1968.

CANDIDO, Antonio. *Formação da Literatura Brasileira (Momentos Decisivos)*. São Paulo: Martins Fontes, 1964.

_____. *O Discurso e a Cidade*. São Paulo: Duas Cidades, 1998.

CARLSON, Marvin. *Teorias do Teatro. Estudo Histórico-Crítico, dos Gregos à Atualidade*. São Paulo: Editora da Unesp, 1997.

CERBINO, Beatriz. "Dança e Memória: Usos Que o Presente Faz do Passado". In: BOGÉA, Inês (org.). *Primeira Estação. Ensaios sobre a São Paulo Companhia de Dança [First Season. Essays on São Paulo Companhia de Dança]*. São Paulo: Imprensa Oficial, São Paulo Companhia de Dança, 2009.

COPELAND, Roger. *Merce Cunningham. The Modernizing of Modern Dance*. New York: Routledge, 2004.

_____. *Re-thinking the Thinking Body: The Articulate Movement of Merce Cunningham. Proceedings of Society of Dance History Scholars*. 22nd Annual Conference. Albuquerque: University of New Mexico, 1999.

DELEUZE, Gilles. *Francis Bacon: The Logic of Sensation*. Smith, Daniel W. (trans.). New York: Continuum, 2003.

_____. *The Logic of Sense*. Lester, Mark (trans.). New York: Columbia University Press, 1990.

DERRIDA, Jacques. *Writing and Difference*. Bass, Alan (trans.). Chicago: University of Chicago Press, 1978.

FEBVRE, Michèle. *Danse Contemporaine et Theâtralité*. Paris: Éditions Chikon, 1995.

FERNANDES, Ciane. "Dance and Its Double". In: BOGÉA, Inês (org.). *Primeira Estação. Ensaios sobre a São Paulo Companhia de Dança [First Season. Essays on São Paulo Companhia de Dança]*. São Paulo: Imprensa Oficial, São Paulo Companhia de Dança, 2009.

FOSTER, Susan Leigh. *Reading Dancing: Bodies and Subjects in Contemporary American Dance*. Los Angeles: University of California Press, 1986.

GIL, José. *Metamorfoses do Corpo*. Lisbon: Relógio d'Água, 1997.

_____. *Movimento Total. O Corpo e a Dança*. Lisbon: Relógio d'Água, 2001.

HOROSKO, Marian (org.). *Martha Graham: The Evolution of her Dance Theory and Training*. New York: Capella Books & Chicago Review Press, 1991.

HOUAISS, Antonio. *Dicionário Eletrônico da Língua Portuguesa*. Rio de Janeiro: Objetiva, 2007 (CD-ROM).

KANDINSKY, Wassily. *Concerning the Spiritual in Art*. New York: Dover Publications, 1977.

KRISTELLER, Paul Oskar. "The Modern System of the Arts". *Renaissance Thought and the Arts: Collected Essays*. Princeton: Princeton University Press, 1990, p.171.

LEHMANN, Hans-Thies. *Postdramatic Theatre*. London: Routledge, 2006.

LEVINSON, André. *1929 – Danse D'aujourd'hui*. Paris: Actes Sud, 1990.

MEZZANOTTE, Riccardo. *Phaidon Book of the Ballet*. London: Phaidon Press Ltd., 1981.

NIETZSCHE, Friedrich. *Twilight of the Idols: Or How to Philosophize with a Hammer*. Large, Duncan (trans.). New York: Oxford University Press, 1998.

NIKITIN, Vadim. "Grapes on Ballet Shoes". In: BOGÉA, Inês (org.). *Primeira Estação. Ensaios sobre a São Paulo Companhia de Dança [First Season. Essays on São Paulo Companhia de Dança]*. São Paulo: Imprensa Oficial, São Paulo Companhia de Dança, 2009.

NOVERRE, Jean-Georges. *Letters on Dancing and Ballets*. Beaumont, Cyril William (trans.). Princeton: Dance Horizons, 2009.

NUNES, Sandra Meyer. "*Viewpoints* e Suzuki: Pontos de Vista sobre Percepção e Ação no Treinamento do Ator". In: ANDRADE, Milton; BELTRAME, Valmor (org.). *Poéticas Teatrais: Territórios de Passagem*. Florianópolis: Design Editora, Fapesc, 2008.

OMAR, Arthur. *Antropologia da Face Gloriosa*. São Paulo: Cosac Naify, 1997.

PAVIS, Patrice. *Dictionary of the Theater – Terms, Concepts, and Analysis*. Toronto: University of Toronto Press, 1998.

PORCHER, Louis. *Educação Artística: Luxo ou Necessidade?* São Paulo: Summus, 1987.

RAMOS, Luis Fernando. "Por uma Teoria Contemporânea do Espetáculo: Mimese e Desempenho Espetacular". In: *Urdimento – Revista de Estudos em Artes Cênicas*. Florianópolis: Udesc, 2009.

SASPORTES, José. *Pensar a Dança. A Reflexão Estética de Mallarmé a Cocteau*. Rio de Janeiro: Imprensa Nacional, 1983.

SCHILLER, Friedrich. *On the Aesthetic Education of Man*. New Haven: Yale University Press, 1954.

SELLAMI-VIÑAS, Anne Marie. *L'Écriture du Corps en Scène. Une Poétique du Mouvement*. Paris: Doctorate dissertation ("D'Etat et Lettres et Sciences Humaines"), Université Paris I, Panthéon, Sorbonne, 1999.

SIQUEIRA, Denise. *Corpo, Comunicação e Cultura*. Campinas: Editores Associados, 2006.

SOCHA, Eduardo. *Bergsonismo Musical. O Tempo em Bergson e a Noção de Forma Aberta em Debussy*. São Paulo: Master's degree thesis – Universidade de São Paulo, School of Philosophy, Letters and Human Sciences, Department of Philosophy, 2009.

STRAZZACAPPA, Márcia. "Dança: Um Outro Aspecto da/na Formação Estética dos Indivíduos". In: *Anais da 30ª Reunião Anual da Anped*, 2007. Available in Portuguese at <www.anped.org.br>. Accessed on March 15, 2010.

SYLVESTER, David. *Interviews with Francis Bacon. The Brutality of Fact*. London: Thames & Hudson, 2009.

VALÉRY, Paul. *Dance and the Soul*. Buss, Dorothy (trans). London: John Lehmann, 1951.

_____. "Poetry and Abstract Thought". In: *The Art of Poetry*. Folliot, Denise (trans.). Princeton: Princeton University Press, 1958.

_____. "Degas, Dance, Drawing". Burlin, Helen (trans.). New York: Lear Publishing, 1948.

_____. "The Philosophy of Dance". In: Copeland, Roger and Cohen, Marshall. *What is Dance? Readings in Theory and Criticism*. Oxford: Oxford University Press, 1983.

VHS/DVD

Figuras da Dança: Ivonice Satie, Ady Addor, Ismael Guiser, Marilena Ansaldi and Penha de Souza, directed by Inês Bogéa and Antônio Carlos Rebesco (Pipoca); Tatiana Leskova, Luis Arrieta, Ruth Rachou, Hulda Bittencourt and Antonio Carlos Cardoso, directed by Inês Bogéa and Sergio Roizenblit. Creation: Inês Bogéa and Iracity Cardoso. São Paulo Companhia de Dança, 2008-2009. Documentary films, 26 minutes each.

Maria Duschenes – O Espaço do Movimento, directed by Inês Bogéa and Sergio Roizenblit. Funarte Klauss Vianna Award, 2006. Short feature film, 17 minutes.

Nelson Freire, directed by João Moreira Salles. VideoFilmes, 2003, 102 minutes.

Renée Gumiel – A Vida na Pele. Script and screenplay by Inês Bogéa; directed by Inês Bogéa and Sergio Roizenblit. DOCTVII, TV Cultura, São Paulo, 2005. Documentary film, 56 minutes.

CRÉDITOS DAS IMAGENS/IMAGE CREDITS

[FOTOGRAFIAS/PHOTOS] ALCEU BETT, ANDRÉ PORTO, JOÃO CALDAS, REGINALDO AZEVEDO, SILVIA MACHADO

[CAPA/COVER] **Aline Campos (ensaio)** [FOTOGRAFIA/PHOTO] REGINALDO AZEVEDO

BALLO [P. 1] **Renata Bardazzi e Rodolfo Saraiva (ensaio);** [P. 3] **Luiza Lopes e Diego Mejía (ensaio);** [P. 6] **Fabiana Ikehara (ensaio);** [PP. 38-39] **Irupé Sarmiento;** [P. 40] **Thamires Prata e Diego Mejía.** [FOTOGRAFIAS/PHOTOS] ALCEU BETT, JOÃO CALDAS (ENSAIO) E ANDRÉ PORTO [P. 6]

GNAWA [P. 4] **Rafael Gomes (ensaio);** [PP. 8-9] **SPCD (ensaio);** [P. 10] **Renata Bardazzi e Samuel Kavalerski (ensaio);** [PP. 24-25] **SPCD;** [P. 26] **Renata Bardazzi e Samuel Kavalerski;** [P. 170] **Milton Coatti;** [PP. 178-179] **SPCD;** [PP. 180-181] **SPCD;** [PP. 182-183] **Irupé Sarmiento, Milton Coatti, Ana Paula Camargo;** [P. 184] **Rafael Gomes.** [FOTOGRAFIAS/PHOTOS] ALCEU BETT E ANDRÉ PORTO (ENSAIO), JOÃO CALDAS [P.178/179]

PASSANOITE [P. 15] **Ammanda Rosa, Yoshi Suzuki, Renata Bardazzi e Vitor Rocha;** [PP. 16-17] **Rodolfo Saraiva, Luiza Lopes, Vitor Rocha e Ed Louzardo;** [P. 18] **Paula Penachio e Amanda Soares;** [PP. 278-279] **Yoshi Suzuki, Ammanda Rosa, Vitor Rocha e Renata Bardazzi;** [PP. 280-281] **Luiza Lopes e Ed Louzardo;** [PP. 282-283] **Yoshi Suzuki e Rodolfo Saraiva;** [P. 284] **Renata Bardazzi.** [FOTOGRAFIAS/PHOTOS] REGINALDO AZEVEDO

TCHAIKOVSKY PAS DE DEUX [PP. 64-65] **Aline Campos e Ed Louzardo;** [P. 66] **Luiza Lopes.** [FOTOGRAFIAS/PHOTOS] SILVIA MACHADO E REGINALDO AZEVEDO

POLÍGONO REVISITADO [PP. 106-107] **Luiza Lopes e Felipe Antunes;** [P. 108] **Ana Paula Camargo e Samuel Kavalerski.** [FOTOGRAFIAS/PHOTOS] REGINALDO AZEVEDO

LES NOCES [PP. 124-125] **SPCD;** [P. 126] **Priscilla Yokoi, Ana Paula Camargo, Fabiana Ikehara, Thaís de Assis, Thamiris Prata, Patrícia Brandão, Artemis Bastos, Michelle Molina e Ammanda Rosa.** [FOTOGRAFIAS/PHOTOS] ALCEU BETT

SERENADE [PP. 150-151] **Fabiana Ikehara, Luiza Lopes, Daiane Camargo, Thamires Prata, Irupé Sarmiento;** [P. 152] **Renata Bardazzi e Ana Paula Camargo.** [FOTOGRAFIAS/PHOTOS] ALCEU BETT

ENTREATO [PP. 164-165] **Samuel Kavalerski e Yoshi Suzuki;** [P. 166] **Ana Paula Camargo e Irupé Sarmiento.** [FOTOGRAFIAS/PHOTOS] JOÃO CALDAS

[P. 138] **Teatro Franco Zampari, cenário de gravação dos programas** *Figuras da Dança 2009*. [FOTOGRAFIA/PHOTO] REGINALDO AZEVEDO

[ILUSTRAÇÕES/ILLUSTRATIONS] [P. 23] **Marcelo Cipis para** *Ballo*; [P. 81] **Ionit Zilberman para** *Tchaikovsky pas de deux*; [P. 123] **Maria Eugênia para** *Les noces*; [P. 137] **Odilon Moraes para** *Passanoite*; [P. 149] **Alex Cerveny para** *Serenade*; [P. 163] **Caco Galhardo para** *Entreato*; [P. 169] **Paulo Caruso para** *Gnawa*; [P. 174] **Laerte para** *Polígono*

© 2010 São Paulo Companhia de Dança

Biblioteca da Imprensa Oficial

Sala de ensaio: textos sobre a São Paulo Companhia de Dança = Rehearsal room: essays on São Paulo Companhia de Dança/ Inês Bogéa (org.); [English version de Izabel Murat Burbridge] – [São Paulo] : Imprensa Oficial do Estado de São Paulo : São Paulo Companhia de Dança, [2010]. 288 p.: il. color.

Vários autores
Bibliografia.
ISBN 978-85-7060-851-2 (Imprensa Oficial)

1. Dança 2. Dança na educação 3. São Paulo Companhia de Dança I. Bogéa, Inês. II.Burbridge, Izabel Murat III. São Paulo Companhia de Dança. IV. Título. V.Título: Rehearsal room.

CDD-793.3

Índice para catálogo sistemático:
1. Dança 793.3 2. Dança na educação 371.39

Proibida a reprodução total
ou parcial sem a autorização
prévia dos editores

Direitos reservados e protegidos
(lei nº 9.610, de 19.02.1998)

Foi feito o depósito legal na Biblioteca Nacional
(lei nº 10.994, de 14.12.2004)

Impresso no Brasil 2010

imprensaoficial

Imprensa Oficial do Estado de São Paulo
rua da Mooca 1921 Mooca | 03103-902 São Paulo SP Brasil
SAC 0800 0123 401
sac@imprensaoficial.com.br
livros@imprensaoficial.com.br | www.imprensaoficial.com.br

SÃO PAULO
COMPANHIA DE
DANÇA

rua Três Rios 363 | 1º andar | 01123-001
São Paulo SP Brasil
tel (55 11) 3224 1380
www.saopaulocompanhiadedanca.art.br

imprensaoficial

Diretor-presidente
Hubert Alquéres

Diretor Industrial
Teiji Tomioka

Diretor Financeiro
Flávio Capello

Diretora de Gestão de Negócios
Lucia Maria Dal Medico

*Gerência de Produtos Editoriais
e Institucionais*
Vera Lúcia Wey

Coordenação Editorial
Cecília Scharlach

Assistência Editorial
Bia Lopes

Revisão e Preparação de Textos
Eugênio Vinci de Moraes

Tratamento de Imagens
Leonídio Gomes

Projeto Gráfico
Mayumi Okuyama

CTP, Impressão e Acabamento
Imprensa Oficial do
Estado de São Paulo

UNIDADE DE FOMENTO
E DIFUSÃO DA
PRODUÇÃO CULTURAL

Coordenador
André Sturm

ASSOCIAÇÃO PRÓ-DANÇA
ORGANIZAÇÃO SOCIAL DE CULTURA

Presidente
José Fernando Perez

Vice-presidente
Maria do Carmo Abreu
Sodré Mineiro

SÃO PAULO COMPANHIA DE DANÇA

Diretora
Iracity Cardoso

Diretora
Inês Bogéa

FORMATO 170 x 220 mm TIPOLOGIA Absara PAPEL miolo Couché Fosco 150 g/m², guardas Colorplus Los Angeles telado 180 g/m², capa Couché Fosco 150 g/m² NÚMERO DE PÁGINAS 288 TIRAGEM 2.000

**GOVERNO DO ESTADO
DE SÃO PAULO**

Governador
Alberto Goldman

Secretário de Estado da Cultura
Andrea Matarazzo